高胜算决策

向绝不容出错
极会管理风险的NASA
学决策

世界最高峰の頭脳集団NASAに学ぶ決断技法
不可能の壁を破る思考の力

［日］中村慎吾——著

谷文诗——译

江西人民出版社
Jiangxi People's Publishing House
全国百佳出版社

后浪

前　言

小时候，我特别喜欢一部名叫《星际迷航》（*Star Trek*）的电视剧。该剧自 1966 年起在全美播放，之后又有同系列电影和新剧集接连上映。在每一集《星际迷航》开场时，都会响起下面这段旁白。

Space, the final frontier. These are the voyages of the starship Enterprise. It's 5-year mission: to explore strange new worlds, to seek out new life and new civilizations, to boldly go where no man has gone before.（太空，人类最后的边疆。这是星舰企业号的航程。五年间它从未间断使命：探索全然陌生的新世界，寻找新的生命和文明，探索前人未至之境。）

台词中的那句 "where no man has gone before（前人未至之境）" 在美国几乎家喻户晓。任何人听到这句话，都会感到热血沸腾。

人类的宿命就是挑战未知的世界。每次观看《星际迷航》

的续集，我都会产生一个朴素的疑问——"应该如何面对这个宿命"。我试图结合自己的职业经历，从经营管理的角度去寻找答案，并把最终得到的结论总结为这本书。当然，本书并不是科幻小说，而是要讨论现实世界的问题。美国航空航天局（NASA）可以称得上是现代的企业号，在克服种种困难的过程中，NASA 确立了一套"不确定条件下的管理方法"。本书将重新梳理 NASA 的历史伟业，力图打造一部"写给开拓者的决策法"集大成之作。

本书具有以下五个特点。

1. 写给生活在这个复杂且充满不确定性的世界上的所有人

我所从事的行业，经常需要从业者做出可能会左右企业未来经营前景的判断。例如，我常与一些日本企业的社长和他们的智囊顾问与国内投资者一起讨论公司未来 1 ~ 7 年的发展战略。但很可惜，这些讨论很少能让我感到满意。常常是一谈到深入的内容，就会有人跳出来阻止说："将来的事谁也说不准，详细分析都是白费功夫。"他们都陷入了一种"停止思考"的状态，即不去思考不确定的事情。

在这一点上，美国的精英阶层则不太一样，他们很擅长预测事物在将来的发展方向，并从全局出发进行分析讨论。他们会综合考虑一定的前提条件以及定性、定量的根据，设想出将来的发展方向，并去尽量说服其他人。他们成长的环境就是如此：这样做会得到更多的鼓励。虽然他们也会做出不少错误判断，但也远远要好于放弃思考。因为错误的判断可以通过大家的讨论进行适当的修正。

美日之间的差异显著体现在大学教育方面。日本的教育主要是教授单方面讲授如何取得正确答案。当然，其前提是存在正确答案。而美国的大学教育，以哈佛大学为例，很多课程的核心内容都是让学生们活跃地讨论，以学会如何得出更好的结论，教授直到最后也不会公布正确答案。日本 NHK 电视台曾经播出过一档名为"哈佛白热课堂"的节目，在当时日本社会引起很大的反响，看过这档节目的朋友应该还记得哈佛课堂的场景。

本书的目标是帮助读者克服日本式思维定式，提高应对复杂状况的"管理"能力。我并非无条件赞成美国方式，但必须承认美国在这方面有很多地方值得我们学习。

"管理"是指经营、管理某种事物。管理的对象虽然多种多样，但都具有不确定性这个共同点。例如在经营管理一家企业时，我们无法准确知晓其业务前景。在不确定的环境中做出最恰当的判断，才是管理的精髓所在。管理是一种对抗不确定性的手段，如果我们认为不可能了解将来的事情，也就相当于放弃了管理。本书就是要彻底否定这种放弃管理的做法。

2. 以必须直面不确定性的太空探索任务为例

有人认为详细分析将来的事情是白费力气，要改变他们的想法很难。无论如何讲事实摆道理，也总会有人充耳不闻。那么，有没有什么契机可以帮助他们改变意识呢？

我想到了借助 NASA 的伟大业绩来增强说服力。探索前人未至之境，谁都知道这项挑战充满了不确定性。但没有人会认为因为充满了不确定性，NASA 就是抱着"乱枪打鸟，中一个是一个"的心态去执行任务的。

书名里带"NASA"的书基本上都是以航空技术或 NASA 组织为题材，而本书的着眼点与它们有本质差别。本书是面向商务人士的"广义的科学"，具体涉及管理学、数学、统计学、金融经济学、金融工程学、心理学、行为经济学，还会介绍分析、决策时所需的各种方法。

为了更好地介绍横跨多个领域的知识，本书每一章（除第 6 章）都在前半部分针对基本的框架结构、思维方式进行讲解，后半部分借用 NASA 的实例进行说明。对实际工作随时处于不确定状况之中的人而言，NASA 的各项任务就像是一座宝藏。本书将为大家挖掘出其中蕴含的无尽智慧。

3. "NASA + 顶级学府"的智慧结晶

本书以 NASA "面对不确定性的措施"为支柱，但并不是要赞美 NASA。正如有人揶揄 NASA 是官僚组织一样，其组织方面的问题的确堆积如山。本书的着眼点是 NASA 从一次次成功和失败中总结得出的决策方法。

为了使大家了解真正优秀的决策方法，除了 NASA 之外，本书还吸收了美国顶级学府的教授和研究者的智慧。书中出现的我的母校斯坦福大学和麻省理工学院以及 NASA 研究机构所在地——加州理工学院，都是世界顶尖学府。每年有许多机构公布世界大学排名，这三所大学在最具权威的三个排行榜中都排在前五名。

NASA 的工作人员中原本就有很多人来自顶尖名校，我用自己的方式将 NASA 和大学的智慧融合在了一起。

4. 教读者如何在重大决策时深思熟虑

诺贝尔经济学奖获得者、心理学家丹尼尔·卡尼曼教授在著作中介绍了"快思考"与"慢思考"两种思考模式。典型的快思考为"直觉判断"，如通过捷径解决问题，或者依据专业知识立即回答等。但也有一些问题无法依靠快思考解决，而是需要切换为慢思考模式，即"从逻辑上深思熟虑"。

快思考模式下的大多数想法、行为都是正确的，有很多选择或判断只需要快思考就够了。但快思考也会引发系统性错误，必须认识到错误的直觉所带来的风险。因此除了部分专业领域之外，不应轻信别人凭直觉做出的判断或选择，即使他们经验丰富。

所以说，毫不怀疑地推崇"当机立断"的做法很危险。不仅快思考会出问题，即使是慢思考也常会因为知识、能力的不足而判断失误。而有些失误有时是致命的。

本书要讨论的"决策"问题非常重要。"错了可以重来"或是"身经百战的管理者进行决策"等情况下可以"当机立断"，但其他情况下的判断则必须深入思考。本书对事关个人或组织利益的重大事项提供了有效的决策方法。

5. 选取事例均具有实践指导意义

以思维方法、分析方法为题材的经管图书浩如烟海，其中不乏良作，不过大部分书中的事例都很苍白。我有时发现某本书中介绍的方法论很有趣，但接下来看到的事例却让人十分失望。

有些事例与方法论没多大关系，怎么看都很牵强，还有些事例过于简单，毫无实用性可言。根本不用分析，只靠经验就能解决的事例不仅无法体现方法论的实用性，反而会让读者觉得分析浪费时间，失去了学习的欲望。最让人着急的是，有些书省掉了太多分析过程，导致读者觉得有些方法可能有效却无法真正将其用到实践当中。

本书尽量避免以上缺点，以"重大决策"为目标，追求实用性，严格筛选了 NASA 的事例进行深入挖掘。对其他事例也在不涉及企业机密的前提下尽可能深入分析。对读者来说，这些事例可能稍有一些难度，不过作者尽量做了详细解说，一旦掌握了其中的逻辑（规则、道理），便能具有广泛的应用范围。相信读者一定可以从本书获益颇丰。

那么，就让我们一起踏上"知识宇宙"的探索之旅吧。让我们一起向前人学习，抱着一颗永不言弃的追求之心，奋力奔向那些无勇攀高峰之决心的人们永远无法到达的"地平线的另一侧"吧。希望这本书可以成为志向高远的旅人们的指路良书。

目 录

第一部分 基础篇

CHAPTER 1 **概率思维法**
——认识不确定现象 3

第二部分 应用篇

CHAPTER 4 优先顺序法（1）
——捕捉跃升机会 221

事例4 火星取样返回任务需要哪些技术　265

CHAPTER 5　优先顺序法（2）
——追求价值方面的经济效益　275

事例5　对火星地表探测技术的最优投资组合　293

第三部分　整理篇

高 胜 算 决 策

向绝不容出错、极会管理风险的
N A S A 学 决 策

世界最高峰の頭脳集団 NASA に学ぶ決断技法

第一部分 基础篇

概率思维法
——认识不确定现象

面对前无古人的课题，人们很难预测它会对将来产生哪些影响，也无法获得确定信息。这类课题具有很高的不确定性。不知道会不会发生，预测不到发生后会带来哪些结果，无法得知何时发生……面对这些状况，我们只能正面迎战。

面对不确定性，人们一般会持两种态度。一种是认为不确定性无可解之法，无论将来发生什么都只能认命。还有一种截然相反的态度认为，既然无法预知将来会发生什么，就应该提前做好可以应对各种状况的准备。很难说这两种态度孰对孰错，但本书支持后者。NASA 也属于后者。后者的武器就是如何恰当应对不确定性的方法论，而其基础则是"概率"。

这里的概率与高中数学的概率还不太一样。从数学角度来讲，掷骰子时出现 3 点的概率一定是六分之一，但现实中的不确定性事件却极少可以用这种"毫不含糊"的数学上的概率来计算。此外，类似计算平均值等依靠大量过去数据的方法往往也用不上。对于挑战全新领域的人而言，（大部分）过去根本就没有参考价值，即使在可以多次行动的情况下，利用平均值得知"假设挑战 100 次，大约可以成功 30 次"也毫无意义。而对于转瞬即逝的机会，我们只想知道唯一一次挑战的成功概率。

本章构成如下。首先介绍初步的逻辑思维方法，在此基础上来"定义问题"，从而利用概率解决不确定性问题。考虑概率，必须先设想出"可能发生的事件"。我们一生中会经历许多概率性事件，但概率的主体和形式通常并不明显，需要我们将它定义为问题。定义方法并不一定存在完全正确的答案，需要按照逻辑过程来构筑假设。

定义了需要考虑概率的问题，下一步便是在实践中预测和应用概率。本书介绍的方法绝非前面提到的"不好用"的概率论，而是能在缺乏可用的客观数据时发挥"主观"作用的创造性探索。此外，"情景规划"可以有效应对随机的、不透明的未来，本章对此做了概述。

最后，事例部分介绍了 20 世纪 70 年代 NASA 为了实现火星登陆这一人类历史上从未有过的探索任务，利用概率预测和情景规划相结合的方法得出的结论及其推导过程。除了敏感性分析等决策中必不可少的分析工具外，该部分还介绍了如何收集专家意见并灵活应用，以及一些心理学、行为经济学方面的注意事项。这一事例为我们展现了一个"悖论性结论"：当时人类对火星一无所知，却得出了准确度相当高的评估结果。

假设可能发生的情况

▶ 无处不在的随机现象

我们把结果有多种可能，无法确定的现象定义为"随机现象"。某企业的股价一年之后会上涨还是下跌，明天的天气是晴，多云，还是下雨，这些都是日常生活中的随机现象。随机现象总是伴随着不确定性，要与它和平共处，就必须在做出某种预测的基础上，从理性或者战略的角度来规划自己的行为。

如果你持有股票，就需要在股价变动的不确定性中考虑何时卖出会更好。股价明天会大幅上涨，会略有上涨，不会有任何变化，会下跌，两年后公司破产股票变成废纸……我们应该考虑到以上所有"可能发生的情况"来决定对策。还有更常见的例子，例如听到天气预报说降雨概率是30%，出门时就需要决定带不带雨伞。我们一般都是要考虑大概几点会下雨，自己大概几点待在室外等来决定的。

▶ 用假设思维进行推理

现实中的事件往往是各种因素掺杂在一起，我们一般很难分辨出事件中潜藏着哪些随机现象。学校考的概率问题中，需要求什么解一目了然。但现实世界中，带来不确定性的随机现象以何种形式隐藏在何处，需要我们自己去定义。问题定义不当，求出来的解的有效性自然也不会很高。

我们来考虑这样一个问题：A 企业应该如何提高自己的行业地位？"市场定位理论"和"资源基础理论"是制定竞争战略的两种代表性理论。前者通过分析业务环境等因素，决定本公司能在竞争中占据优势的市场定位。后者则着眼于企业为了获得竞争优势应该运用哪些人才、技术、品牌、工艺、企业文化等稀有且难以被替代的管理资源。针对提高企业行业地位这个不确定性问题，A 企业选择侧重于哪种理论，决定了其在制定战略过程中更重视哪些随机现象。此外，两种理论各有长短，如果选择的理论不适合 A 企业的情况，则会对问题做出错误的定义。

每一个随机现象都由其他多个更小的随机现象构成。如图表 1-1 所示：三种不同的"随机现象组合"构成了同一个事件。图表 1-1 中的例 1、例 2、例 3，从事件的开始（标注为 ⑩）到事件结束（标注为 ⑱），自左至右的过程具有多种可能的形式。不难想象，我们必须花费很大精力才能找到符合最终目的的分割方法。

图表 1-1 将问题看作若干随机现象的连锁

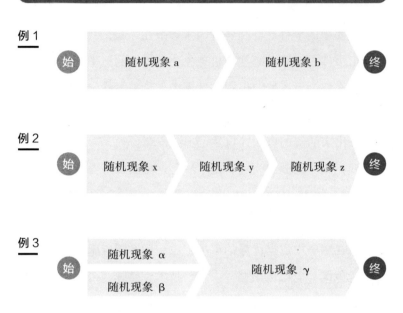

这种时候需要依靠假设思维。我们要区分当前时间点的已知事项（事实或证据）和未知事项，根据可用的信息提出最有力的结论（问题定义的框架），将其作为假设。对未知事项需要设定前提条件，向前推进。即使信息不足或含混不清也没关系，我们只要利用现实情况决定就好。接下来可以继续收集新信息，提高信息精准度，反复对假设进行验证和重建。这一阶段需要推理能力，即根据可用信息和前提条件准确地区分出"哪些是确定的，哪些不是"。外资咨询公司在面试时一般都会考查求职者的推理能力。

构建假设的关键

● 从全局出发

假设思维需要推论出结论作为假设，构建假设时必须从全局出发。人们处理问题时常从自己熟悉的方面开始思考，例如："我曾经遇到过类似情况，所以应该如此这般。"但是，这样一来，能否获得最优解就全凭偶然运气，很可能会走冤枉路。我们必须时刻牢记，要以更高视角去俯瞰全局。

试想一下工厂作业的情景。某道工序的负责人提高了该道工序的生产效率只是部分最优，可能并不会提高整个工厂的生产能力，也没办法使企业的整体收益达到最大化。要实现公司整体收益最优，就需要根据"约束理论"（Theory of Constraints, TOC）关注瓶颈工序，通过产量最大化来实现企业利润的最大化。每销售一件产品都会增加一份利润，整个公司的利润就是所有产品的销售总额减去所有成本和费用后的数额。

约束理论是以色列物理学家高德拉特博士（Dr. Eliyahu M. Goldratt）在其著作《目标》（*The Goal*）中提出的著名管理

创新方法。AT&T、波音公司、IBM、P&G、飞利浦等欧美知名企业以及很多日本大型制造企业都运用约束理论进行管理。这些企业的蓬勃发展也验证了俯瞰整体、把控全局的重要性。

▶ 化整为零

掌握整体情况之后，下一个挑战就是从哪里对其进行分解。在设定分解的切入口时，必须保证分解后的结果还能再整合为分解前的整体。要做到这一点，就需要拥有有效的视角。下面以一家拥有自家产品直营店铺的企业为例进行说明。

1. 用加法思考

企业销售额是各个实体店铺销售额的总和。这相当于将整体进行分类。

2. 用减法思考

如果企业销售额不只是各个实体店铺的销售额（如还有网络销售等），可以从整体销售额中减去实体店铺销售额作为"其他销售额"。这相当于将整体分为"实体店铺销售"和"非实体店铺销售"两个对立的概念，其实与"加法"异曲同工。

3. 用乘法思考

企业销售额是"实体店铺数量 × 每家店铺的平均销售额"。这相当于对整体进行因数分解。

4. 选择更合适的切入点

销售额除了可以按照店铺分解,还可以按照是面向普通家庭还是面向企业来分解。必须依据所要处理的课题,综合考虑当前的可用信息及信息准确度,选择合适的分解切入口。例如分为面向普通家庭和面向企业之后,还可以对"面向普通家庭"设定顾客年龄等更具体的切入口进行分解。

忽略细枝末节

　　推理无法做到十全十美，一味纠结细枝末节而得不出结论就是本末倒置了。如果要打磨细节，应该在提高最终结果精确度的阶段进行。而最终结果的精确度取决于精确度最低的部分。无论如何提高其他部分，只要最低部分不变，整体精确度都无法得到本质上的提高。

　　下面我想通过一个小趣事来告诉大家果断忽略那些相对不重要的事物有什么好处。这是我在美国斯坦福大学读研究生时，在一门 NASA 研究员主讲的课程上听来的。20 世纪 70 年代初，NASA 开始着手研究如何使探测器冲入火星大气层。当时有两种方案。一种方案是建一个方程式，利用大型电子计算机来求解。方程式中有很多项，需要利用电子计算机进行高难度数值运算。另一种方案是对方程式中的各项加以比较，舍弃相对而言不太重要的项，根据简化方程式求近似解。乍一看上去，好像只用前一个方案就足够了。但实际上是后者起到了决定性作用。

后者虽然是近似计算，但由于方程式被简化了，人们很容易理解得出的解在物理上的意义，因此可以断定近似解不会出现根本性错误。而方案一中，方程式解的正误取决于电子计算机的计算方法是否得当，很难从物理上解释得出的结果。当时方案一的计算结果与方案二的近似值相差很大，研究人员推定是电子计算机的计算方法有误，后来也确实找到了其错误所在。这个事例告诉我们，宁可牺牲细节，也不要忽略事物的本质，这一点非常重要。

我们构建了假设（将问题定义为一连串的随机现象），假定某一事件可能会发生，接下来就需要预测各个随机现象实际发生的可能性，即预测"概率"，这样才能做出决策。不过，除了类似事件在过去屡次发生的情况，我们真的能预测出随机现象的概率吗？或者说预测的结果真的值得信赖吗？

 预测概率

▶ 概率的两种解释

日常生活中常会听到"概率"两个字，比如天气预报中提到的降水概率等，这里的概率表示什么意义呢？高中数学课本上的"发生事件 A 的概率为 p"是什么含义呢？

一种解释是，概率是通过经验得出的相对频率的极限。我们说事件 A"投掷骰子出现点数为 3"的概率是六分之一，表示多次投掷骰子，随着投掷次数的增加，点数 3 出现的次数占总次数的比例（相对频率）会越来越接近六分之一。这种概率以"频率主义"为基础，被称作"客观概率"。

频率主义要求必须保持"因果关系的独立性"，反复多次的前提是每次的条件都相同，并且每次结果之间互不影响。例如在讨论某国发生战争的概率时，能用世界各国或地区过去发生战争的相对频率来定义概率吗？每一场战争都是独一无二的事件，而不是在相同条件下发生的。此外，将来的战争可能是由于过去的战争引发的，或者过去的战争带来的教训也有可能

遏制战争再次发生，所以现在讨论的战争与过去的战争不具有因果关系的独立性。不满足事件多次发生的前提，所以战争的概率并不能用频率主义来定义。

天气预报中的降水概率是采用比较接近客观概率的方法得出的数值。大家也许不太了解降水概率的含义，它其实是根据与当天的气温、气压情况极为相近的大量过去数据得出的过去实际降雨的比例。这表明，只有能够收集到足够数量的经验数据，才能求出客观概率。

NASA 的每一次新任务都与过去大不相同，因此无法求出客观概率。商业领域也一样。在考虑某项战略能否成功时，过去各种战略的实施结果虽然可以作为参考，但很难用来计算客观概率，因为过去和当前的条件并不相同。很多现实问题都不适合使用过去的相对频率来定义其概率，因此还需要其他方法。

▶ 没有足够数据时可以这样做

概率的另一种解释是"主观概率"，是 18 世纪英国数学家贝叶斯提出的。他的方法是首先确定一个适当的（主观）预测值，在这个前提下观察实际发生的事件，再去逐次修正最初的判断。"贝叶斯主义"可以在不具备大量数据的情况下处理概率问题。

下面通过一个简单的事例进一步说明。假设你和某个人正在探讨初次的商业合作。此时必须判断这个人是不是值得信赖的商业伙伴。只有两个选项："值得信赖"和"不值得信赖"，我们想知道每个选项各占多少百分比。

最初只能依靠先入之见来判断，如果没有任何信息，那么将"值得信赖"和"不值得信赖"的百分比认定为各50%比较合适（或者也可以因为对方目光不善就把"不值得信赖"的百分比设定为75%）。接下来，你会在和这个人谈判或用餐时观察他的行动，收集他是否诚实等信息。然后就可以根据这些信息修正之前各50%的百分比。例如如果发现对方说过一次谎话，可以根据这个"结果"预测出其"原因"是他"不值得信赖"，因此要提高"不值得信赖"的百分比，降低"值得信赖"的百分比。像这样，我们可以依据自己获得的信息，逐次修正之前的判断。

没有计算过程可能不太容易想象出具体的情形。对方"不值得信赖"的可能性最初被设定为50%，下面就来计算发现他说过一次谎话后，"不值得信赖"的百分比会变成多少。首先确定计算条件，假设如果这个人"值得信赖"，那么他"说真话"的概率为0.8，"说假话"的概率为0.2；如果这个人"不值得信赖"，那么他"说真话"的概率为0.1，"说假话"的概率为0.9。这是依据"从原因到结果"的思维过程建立的假设："因为他值得信赖，所以说真话的概率较高"以及"因为他不值得信赖，所以说假话的概率较高"。

整个计算过程如图表1-2所示。计算的依据是同样以贝叶斯的名字命名的"贝叶斯定理"。例如，图表 1-2 中的方框 I 表示"不值得信赖"的人"说真话"的概率。之前认为此人"不值得信赖"的概率为 50%，"不值得信赖"的人"说真话"的概率为 0.1，50% 乘以 0.1 得到 0.05，方框 II、III、IV 也同样。因此，如图表 1-2 右侧方框所示，说过一次谎的人"值得信赖"和"不值得信赖"的概率之比为 0.1：0.45 ≈ 0.18：0.82，因此"不值得信赖"的概率要改为增至 82%。这就是"贝叶斯推理"，它与普通的思维方式相反，是"从结果到原因"的过程。

上述计算的假设、前提具有任意性，可能不太便于理解。下面再介绍能够证明贝叶斯推理合理性的两个理由。一个是依据新增信息修正之前推论的概率，这一过程反复多次可以使结

图表 1-2　依据新增信息修正概率判断

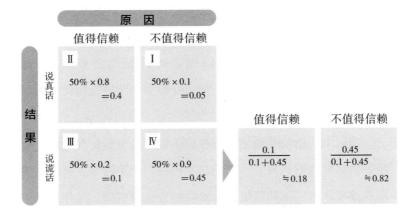

果越来越接近真实。如果我们能获得较多新增信息，便可以得出与频率主义相同的结论。

另一个理由是，贝叶斯推理十分符合人类的实际判断过程和大脑功能。我们可以设想医生给一名出现皮疹的患者做诊断的情形。如果已经得知患者得了麻疹（原因），那么他应该会起红色疹子（结果），这种情况教科书上都有，所以很容易判断。但实际的诊断过程则与此恰恰相反。医生看到皮疹这个症状（结果），需要预测患者有多大的概率是得了麻疹（原因），这个过程就是贝叶斯推理。此外，网球选手比赛时也要在大脑里瞬间做出贝叶斯式判断。对方挥拍击球时，要先根据已有的基础知识来判断球的运动路线，再依据球从对方球场飞过来时实际看到或听到的信息来修正之前的判断，预测球的落地点和反弹方式并决定采取何种方式将球打回去。

如果可以利用数量充足且符合条件的数据求出相对频率，决策者便能据此做出合理判断。但无法计算相对频率时，根据主观概率的贝叶斯主义就是我们应对不确定性的唯一合理手段，因为它认为一切不确定性都可以进行概率量化。是否所有的不确定性都可以量化为概率，这是概率论创立之初一直争论至今的问题，且仍未有定论。但贝叶斯主义无疑是现代概率理论中的一颗耀眼明星。

实际上，由贝叶斯主义衍生出的贝叶斯推理正在商业、金融等诸多领域迅速普及。它在与我们密切相关的很多领域也发挥着重要作用，例如网络垃圾邮件的分拣与删除、操作系统中的帮助功能、医学诊断过程中的图像处理等。微软公司创始人之一比尔·盖茨在 20 世纪 90 年代曾公开表示，"支撑微软公司战略的是贝叶斯技术。"该公司招募了世界各地的贝叶斯统计专家进行研究开发。NASA 也常会用到贝叶斯推理，其中一个代表性案例就是航天飞机（已退役）推进系统的监控和维护。该系统应用了以贝叶斯定理为基础的搜索技术，根据传感器探测到的结果来提示故障可能性，并督促工作人员根据不同的紧急程度采取最佳应对措施。

"无法预测"也要预测

● 区分风险与不确定性

"风险"总是与"不确定性"一同出现，它的定义不止一个。富兰克·奈特（Frank Hyneman Knight）是美国经济学家、芝加哥学派创始人之一，他对风险与不确定性进行了明确的区分。他提出能够计算出概率（可以预测概率分布）的是"风险"，完全无法进行计算或预测的叫作"（真正的）不确定性"。他将风险定义为具有可测性，认为风险并不能称为不确定性（即状况并不是不确定的。）

人们在实际行动时厌恶（真正的）不确定性的程度要超过风险。下面这个有趣的实验被称作"埃尔斯伯格悖论"（Ellsberg Paradox）（参见图表 1–3）。有两个罐子，第一个罐子里有 50 个红球和 50 个黑球共 100 个。第二个罐子里也有 100 个球，但不知道红球和黑球各有多少个。实验要求受试者先猜测一种颜色，然后取出一个球，猜对了便可以获得奖金。

按照这个条件用第一个罐子进行实验，几乎所有受试者

图表 1-3   埃尔斯伯格悖论实验

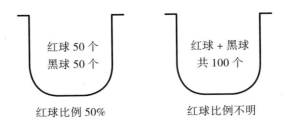

红球 50 个
黑球 50 个

红球 + 黑球
共 100 个

红球比例 50%   红球比例不明

"取出红球能获得奖金"——你会选择哪个罐子呢?

都愿意参加，并且他们在预测时也不会偏向其中一种颜色。因为从第一个罐子中取出一个球，颜色是黑色或红色的概率各为0.5，所以出现这样的结果也很正常。再用第二个罐子进行实验，受试者仍旧没有偏向于任何一种颜色，这表明受试者在主观上认为每种颜色出现的概率都是 0.5。

接下来将条件改为出现红球可以获得奖金，出现黑球则没有奖金，让受试者从两个罐子中选取一个进行实验时，大多数人选择了第一个。虽然在之前的实验中，受试者认为两个罐子出现红球的概率都是 0.5，然而在选取罐子时，他们的决定却出现了偏向性。同样是"不确定事件"，在概率（球的颜色的比例）已知和概率未知的两种情况当中，人们倾向于选择前者。该实验体现了人们"回避不确定性"的天性。

奈特认为，世间各类现象大都是由多种因素交织在一起共同作用产生的，因此无法用依据同一环境中反复发生的现象得出的概率来描述。他认为用依赖过去数据的频率主义得出的概率预测将来是没有意义的。

▶ 将不确定性统一为概率

概率是将广义的不确定性（以下所说的"不确定性"皆为广义，不限于奈特定义的不确定性）整合到决策框架中的主要手段。只有少数例外情况能运用大量的过去数据计算出客观概率，但我们仍然必须在不确定条件下决策，这时就需要依靠贝叶斯推理了。

要求出决策所需的概率，最有效的方法是借助专家的力量。我们可以将专家的意见或判断转化为概率（主要是主观概率），再结合其他信息用于决策。转化概率有多种具体方法，除了太空探索方面，还应用于经济学、技术、气象等众多领域的预测当中。

借用专家意见时的留意事项会在之后的事例 1 中介绍，请大家参考。

利用情景规划描述"看得见的未来"

▶ 情景规划的目的与方法

无论是生活还是工作，我们都需要不断在未来不确定的情况下决策。我们不可能完全预测出将来会发生什么，但还是要考虑将来的情况进行决策。情景规划就是实现这一点的战略工具之一。"情景"是指将多个假设以恰当的形式按照逻辑连接起来，使其成为连贯的情节。

情景规划通过描绘"未来的多个可能情景"，来讨论目前的决策能否有效应对将来可能发生的各种情况，并提前制定应对措施。当然，未来也可能会发生"完全想象不到（发生概率较小）的冲击性事件"。例如抗生素的发现、计算机及网络的发明等科学的飞跃性进步，以及 2011 年美国的 911 恐怖袭击事件等重大历史事件是很难预测到的，这类事件被称作"黑天鹅"。虽然很难预想到类似"黑天鹅"的场景，不过情景规划仍旧可以帮助我们提高应对突变的能力，在组织内共享这项技能可以做到未雨绸缪。

　　"情景树"（Scenario Tree）和"情景矩阵"（Scenario Matrix）可以帮助我们进行情景规划。情景树需要列举出对未来具有重要影响的多个驱动因素（Change Drivers），以能够反映各因素之间差异的方式画出分枝，构建情景。后文的事例 1 就运用了情景树法，可以作为参考。

　　情景矩阵需要提炼出两到三个决定外部环境结构变化的因素，将各因素作为不同角度，使其交叉形成多种状态，每种状态代表一种情景。图表 1-4 是以报刊行业为对象绘制的情景矩阵，依据世界报刊协会 2008 年 1 月某次研讨会的讨论制成。该案例中有两个决定性因素，构成四种状态，因此报刊公司的战略负责人必须提前准备好应对这四种情景的对策。

　　在情景矩阵中，因素数量增加会导致状态数量大幅增加，因此应该尽可能精减因素的数量。筛选出的因素应该满足以下三点条件：会在未来引发情况出现分歧、不确定性程度高、对组织的重要性高。

▶ 情景与概率的搭配使用

　　对于构建情景时是否应该附上概率，目前还没有定论。对那些出现概率极低，但一旦出现就会对管理或项目产生难以估计的负面影响的情景，应该如何处理呢？情景规划一般会对此制定对策，即使出现这种情景，也能将其带给组织的损失控制在一定范围内，并采取相应措施。也就是说，情景规划不是为

图表 1-4 情景矩阵——2020 年报刊行业情景预测

目标读者群

大众阶层 ←————————→ 特定阶层

网络媒体
↑
主导权掌控者
↓
传统纸媒

情景 II:
互联网大获全胜

- 所有媒体信息都向互联网靠拢
- IT 行业巨头统一市场
- 关注泛泛而谈的信息
- 报刊成为大型 IT 企业掌控的信息渠道之一
- 由用户发布及编辑网络新闻
- 利用尖端显示技术实现新闻可视化

情景 I:
传统纸媒濒临消亡

- 市场的细分化和小众化
- 选取专业性和地域性强的信息
- 大众媒体不复存在
- IT 行业巨头占据优势
- 便于新参与者加入(参入门槛低)
- 个人信息共享化
- 广告针对特定阶层

情景 III:
报刊通过专业化战略生存下来

- 报刊成为值得大众信赖的信息源
- 报刊成为大多数人不可或缺的存在
- 屏蔽读者不喜欢的网络广告
- 报刊广告的魅力提升
- 报刊发行量依然呈现减少趋势
- 报刊发挥分析能力对特定领域进行深入探讨
- 未实现进一步的信息定制化

情景 IV:
报刊与网媒共存

- 报刊成为值得大众信赖的信息源
- 报刊参入其他媒体
- 内容比渠道更重要
- 小众战略的重要性提高
- 综合媒体企业收购专业性网络企业
- 地方报刊重视地域特色
- 广告针对特定阶层
- 定制化报刊的普及

资料来源:作者参考 Woody Wade 著《Scenario Planning》制作。

了依据概率的高低进行取舍，而是要将所有可能发生的情景都作为讨论对象。从这个观点来看，不为情景添加概率有其道理。

但也有人认为，利用贝叶斯流派的主观概率求出各情景的概率，可以提高情景规划的价值。其理由如下：要确定主观概率，必须说明该情景规划如何体现了负责团队和外部专家的意见，设定了怎样的前提条件，有望带来哪些成果等，还必须经得住组织管理层和同事的评估，而这些过程可以提高情景规划的品质。

此外，为情景附上概率能加强其预测作用，例如可以明确区分"概率最高的情景"和"最有利的情景"。最有利的情景并不一定发生概率就高。利用概率区分不同情景具有以下好处：有些情景并不吸引人，但发生概率较高，因此必须列为重点讨论对象；或者对于最有利的情景，可以获取更多基础信息，考虑如何提高其概率等。

这里需要强调的是，为应对未来而进行情景规划，绝不能将在过去趋势的延长线上所做的预测简单地看作主观概率。相较于获取新信息，更应该随时重新预测主观概率，对情景做出相应修正。

事例

1

〈〈〈

着陆器
将微生物带到
火星的概率

下面介绍 NASA 在 20 世纪 70 年代的一项任务，来作为第 1 章的事例。该事例可以在商业领域的可行性调查等方面得到应用。此外该事例还表明，企业开拓新业务时，定量方法能够有效回答"如何获取公司内外相关人员的支持""优先将时间和资金投入哪里才能降低不确定性"等问题。

分析的背景、目的及成果

◉ 实施探测任务的前提是"概率"

20 世纪 70 年代初期，在美国的行星探测项目中，火星被看作是太阳系中可能存在生命的重要目的地。因为在之前的任务中，火星探测卫星拍摄了火星表面的照片，可以看到地表有类似河川的遗迹。但是另一方面，存在水的可能性也令科学家对登陆火星提出了质疑：着陆器可能将地球上的微生物带到火星，使其在火星增殖，这样的风险是绝对不能允许的。

当时，苏联也在开展同样的项目，美国与苏联达成协议，必须将无人探测项目把地球微生物带到火星上繁殖的概率控制在 1/1 000（10^{-3}）以下。NASA 为了遵守该协议，决定将限制条件改为更加严苛 10 倍，即将首次火星登陆任务"海盗号"计划的微生物增殖概率控制在 1/10 000（10^{-4}）以下。如果判断海盗号着陆器导致微生物增殖概率超过美苏协议水平，该计划将被叫停。

在这样的背景下，NASA 开始估算微生物增殖的概率，最终判断可以达到协议规定的水平。海盗号着陆器于 1975 年发射升空，1976 年夏在火星表面安全着陆。

数据零散、不确定性极高时可使用定量分析法

该任务采用定量分析法，在缺乏可用来分析和评估的数据，且不确定性极高的情况下做出了决策。当时尚不具备关于火星的充分知识，即便放弃使用定量方法也在情理之中，但 NASA 却通过定量研究取得了两大成果。

成果之一是改善了关于火星任务风险的沟通情况，针对是否应该实施该任务达成了多方共识。如果任务有可能引发国家规模的严重健康危害或经济损失，其决策过程必须获得普通国民的理解与支持。太空开发需要国家投入巨额资金，纳税人的理解必不可少。此外，此次分析还取得了另一个成果，即通过定量研究明确了如何调查才能降低项目的不确定性。

情景规划前的准备工作

▶ 利用假设分解流程

微生物通过由地球发射的探测器在火星繁殖的概率涉及的因素多、范围广，再优秀的专家也很难立刻推算出来。这种情况可以通过"流程分解"来解决。

流程分解是一种应用范围十分广泛的问题解决工具。作为商业领域的典型应用，可以将企业活动分解为价值链（Value Chain），从而找到企业竞争优势所在。有时也可以将价值链中的某一部分进一步分解，例如将制造流程进一步分解为焊接等下级流程，找出应该改进的流程。

本次任务也使用了流程分解。如图表 1-5 所示，从制造着陆器到微生物在火星上增殖的过程可以分解为四个流程。第一个流程对应着从地球到即将着陆火星的阶段，是着陆器将微生物带入火星大气层的过程（图表 1-5 中将这一过程称为"带入过程"）。带入过程中包含着陆器灭菌前"存在微生物""通过灭菌减少微生物"及去火星途中"灭菌后的再次污染与增减"

图表 1-5　关于微生物在火星增殖的流程分解图

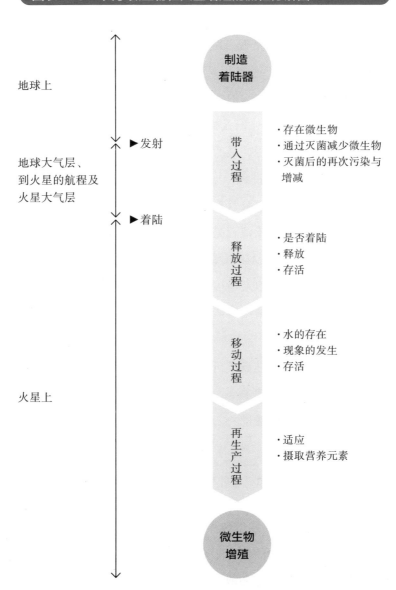

地球上

▶发射

地球大气层、
到火星的航程及
火星大气层

▶着陆

火星上

制造
着陆器

带入过程
· 存在微生物
· 通过灭菌减少微生物
· 灭菌后的再次污染与
　增减

释放过程
· 是否着陆
· 释放
· 存活

移动过程
· 水的存在
· 现象的发生
· 存活

再生产过程
· 适应
· 摄取营养元素

微生物
增殖

等子流程。第二个过程对应附着在着陆器上的微生物因降落被释放到火星地表并存活的阶段（称为"释放过程"）。释放过程中包含着陆器"是否着陆"、微生物的"释放"以及"存活"等子流程。第三个过程是微生物到达水源的过程（称为"移动过程"），包含"水的存在"、将微生物运到水源并"现象的发生"（如风等），以及微生物在紫外线暴晒之下到达水源并"存活"等子流程。最后，第四个过程是微生物再生产的过程（称为"再生产过程"），微生物在这一过程中必须"适应"火星环境，并"摄取营养元素"。

当时无法确定以上流程是否符合现实情况，一切都还只是假设。但人们必须先预测概率，如果不满足低于 10^{-4} 的条件，就不能发射探查器，也就不可能收集到火星的数据。如果基于这一假设建立的模型最终可能引发不容忽视的问题，就需要重新建立假设。

至此，课题已经达到了可以进行理性讨论的水平。接下来的步骤便是更详细地考察从一个流程到另一流程之间的连接，制定多个可以想到的情景。

● 筛选与情景有关的因素

有多个情景会导致地球微生物在火星增殖这一"不利结果"。除了最后对结果的影响小到可以忽略不计的情景外，其他所有能想到的情景都必须一个个列举出来。这里所说的"列举"是指将所有应该考虑的因素既不遗漏也不重复地汇集在一起。这种方法被称为"MECE 分析法"。MECE 是 Mutually Exclusive Collectively Exhaustive（各要素相互独立，完全穷尽）的缩写，据说是由管理咨询公司创造出来的，不过就我所知，类似思维方式早在 20 世纪 70 年代前期就曾出现在与太空相关的文献中。

本事例介绍了着陆器在火星着陆前后的微生物增殖（释放过程）的情景制定过程。要制定情景，首先需要抽取相关的输入输出因素（变量）（图表 1-6）。释放过程的输入因素包括之前的带入过程的输出因素。带入过程的输出因素依据微生物存在场所的不同可以分为以下四类。讨论释放过程时，这些预测值都应看作已知条件。

1. 附着在着陆器外部的微生物数量
2. 附着在着陆器内部空间的微生物数量
3. 附着在着陆器两部分之间接触面上的微生物数量
4. 被固体材料包裹在内部的微生物数量

用 MECE 分析法将微生物的释放机制列出来，可以得到释放过程的以下输出因素。

1. 由于着陆器与火星地表直接接触导致微生物释放（被直接埋入土壤中）

2. 沙尘暴等狂风腐蚀着陆器导致微生物释放

3. 机械震动、热效应或其他方式导致微生物从着陆器表面释放入火星大气中

要估算这三种释放方式各自释放微生物的数量，还必须把握可能影响情景的驱动因素。在释放过程中，起决定性作用的驱动因素是着陆器的着陆方式。着陆方式一般有软着陆和硬着陆两种，硬着陆会导致着陆器摔裂成碎片，内部的部分微生物便会暴露在外部环境中。着陆器内部的微生物在软着陆时只会

图表 1-6　与释放过程相关的因素整理表

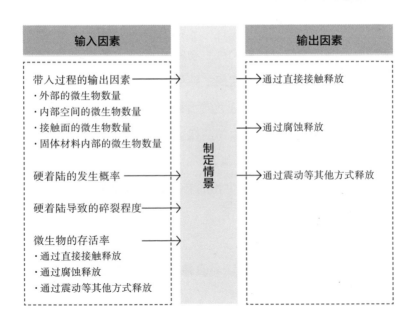

通过腐蚀释放，在硬着陆时则会由于直接接触或震动等方式释放出来。

　　微生物通过直接接触的方式释放到火星上时的存活率极高，因此是否硬着陆这一点非常重要。在计算释放过程中存活的微生物数量时，存活率是一项重要因素。微生物在紫外线的照射下很容易死亡，而硬着陆导致着陆器碎片直接被埋到火星的土壤中，这种情况下，微生物可以免于紫外线照射，存活的概率就会增加。

　　出于上述原因，硬着陆的发生概率是必不可少的输入因素。考虑硬着陆引发直接接触的相关因素时，还必须考虑硬着陆时着陆器的碎裂程度。碎裂程度越严重，暴露在外部环境中的微生物数量势必越多。

　　接下来，还必须预测微生物的存活率。由腐蚀引发的微生物释放发生在火星沙尘暴期间，着陆器长年累月会被腐蚀数厘米之深，导致固体材料内部的微生物全部释放出来。同样，通过震动、冲击和狂风等释放微生物的存活率也需要考虑。考虑的对象既包括着陆器表面的微生物，也包括硬着陆时由于着陆器碎裂而暴露在外部环境中的微生物。

　　以上便是与释放过程的情景相关的所有输入输出因素。接下来必须将这些因素组合起来，利用 MECE 分析法构建情景。此时用情景树法来表示会十分方便。

情景的设计、赋值及检验

● 用情景树列出所有情景

　　图表 1-7 用树状图来表示释放过程的情景。带入过程确定了微生物的四个存在场所，该图表体现了各个场所中的微生物在释放过程中存活下去的各个阶段。

　　先来看一下附着在着陆器内部空间的微生物的释放过程。

　　左右着陆器内部微生物命运的首个因素是着陆方式。软着陆时，微生物停留在着陆器内部，不会很快释放到火星上（图表 1-7 将该状态称作"未暴露"），只会在之后随着着陆器的腐蚀逐渐释放出来。在此过程中，一部分微生物由于紫外线等原因死亡，另一部分存活下来。

　　而在硬着陆的情况下，着陆器破裂使内部微生物中的一部分被释放到外部环境（该状态被称作"暴露"），另一部分继续留在着陆器内部（"未暴露"）。留在着陆器内部的微生物会与软着陆时走上相同轨迹。释放到外部的微生物会出现两种情况。一种是着陆器碎片被埋入火星土壤，因此微生物躲过紫外线的照射直接进入火星土壤（"直接接触"）。这种情况下，基本上所有微生物都可以存活。另一种情况是附着在碎片表面的微生物暴露在大气中，通过震动、风吹等途径释放出来（"震动等其他方式"）。这种情况下，只有一部分微生物能存活下来。

对着陆器内部空间以外的微生物也可以按照同样步骤来考虑，最终完成整个树状图。树状图的右侧是 27 个"终端"。每个终端对应着树状图内的一条路径所代表的情景，一共可得到27 种情景。着陆器内部空间的微生物对应的是情景 7 ~ 13。

● 通过树状图读取计算逻辑

图表 1-8 的情景树标有具体数字，除了带入过程导致的微生物数量，各分支上还标有该情景的发生概率。

有的读者看到这些数字可能会一头雾水，不知道它们是如何计算出来的。当时人类尚未实现火星登陆，不可能拥有确凿依据。不过通过流程分解将释放过程分解为多个阶段，其中很多部分都可以咨询相应领域的专家或者在地球上进行相关实验。例如，关于着陆器硬着陆产生的冲击是否会导致微生物死亡这一问题，波音公司的实验证明，着陆器冲向地面的速度不超过一定的数值时，微生物的致死率小到可以忽略不计。

预测数值必须保持逻辑上的一致性。对于从一个节点分出的两个分支，其各自的概率加起来必须是 1。此外，软着陆和硬着陆的概率无论对哪个场所的微生物来说都必须是相同的。

图表 1-7　27 种释放过程的情景树

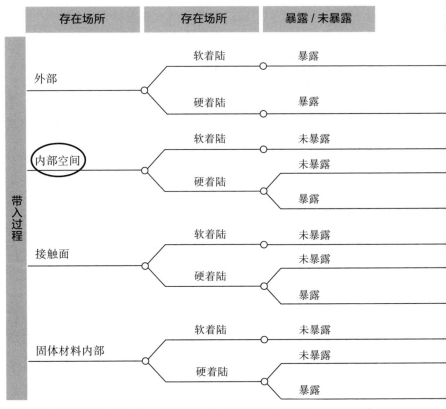

资料来源：由笔者参考 JUDD B.R., NORTH D. W., PEZIER J. P. (1974) Assessment of the Probability of Contaminating Mars 制作。

　　图表 1-8 终端的计算结果就是情景 1 ～ 13 中各自的微生物释放数量（带下划线的数字）。从左向右沿着树状图计算，便能得出各情景释放的微生物数量。例如，如果我们想求出"存在于着陆器内部空间的微生物在硬着陆后暴露到外部，随

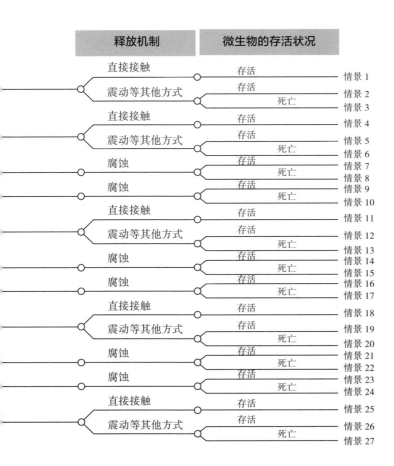

后通过震动、风吹等方式活着释放到大气中"这一情景下的微
生物数量，就可以沿着图表 1-8 中加粗的路径进行计算。

　　用带入过程推测的着陆器内部空间微生物数量 16，乘以
硬着陆的发生概率 0.002，再乘以暴露的概率 0.1（根据着陆器

图表 1-8 利用情景树进行计算

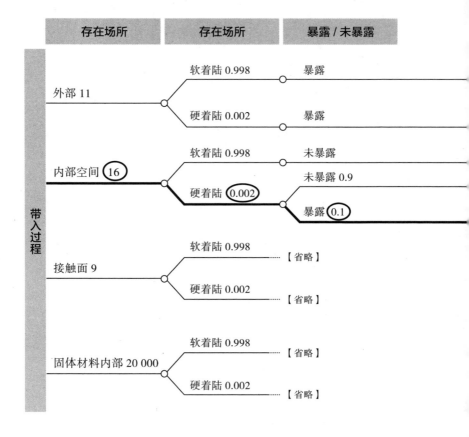

注：微生物存活状态为"死亡"时，不计入活着释放到大气中的微生物数量，因此无论
　　路线上的数字为多少，终端值都是 0。
资料来源：由笔者参考 JUDD B.R. 等人数据（前载）制作。

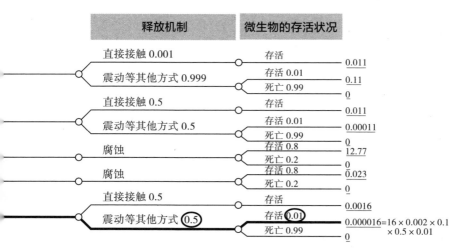

的碎裂程度而设定的），再乘以通过震动等其他方式释放到大气中的概率 0.5，最后乘以微生物在该情况下的存活率 0.01。

就像这样，树状图不仅有助于制定情景，还可以使之后的计算过程更简单。此外，在向相关人员说明时，树状图也可以成为有用的工具。

▶ 筛选"决定性因素"

求出全部 27 种情景的微生物释放数量后，按照释放机制进行分组便可以确定释放过程的输出因素（图表 1-6 右侧方框）数值。具体来说，通过直接接触释放的情景包括情景 1、情景 4、情景 11、情景 18、情景 25 共 5 个（参考图表 1-7），可以求出各情景计算结果之和。同样，通过腐蚀释放的情景共 12 个，通过震动等其他方式释放的情景共 10 个，可以分别求出各情景计算结果之和。

计算结果是依据各预测值计算的，而预测值难免会有误差。因此不仅要求出结果，还必须理解其含义。按照释放机制和微生物的存在场所进行分析，对 27 个计算结果进行分组，其结果如图表 1-9 所示。例如位于左上角的 0.022 是情景 1 和情景 4 的数值之和。

从图表 1-9 可以发现，各数值之间相差悬殊，其重要性高低之分一目了然。例如，通过直接接触释放的情景中，附着在着陆器外部和固体材料内部的微生物释放数量对计算结果具有

图表 1-9　通过对释放过程存活微生物数量的分组来衡量重要性

		存在场所				合计
		外部	内部空间	接触面	固体材料内部	
释放机制	直接接触	0.022	0.0016	0.0009	0.020	0.044
	腐蚀	0	12.80	0.09	2.00	14.89
	震动及其他	0.11	0.000016	0.000009	0.0002	0.11

注：在每种释放机制的四个数字中，用圆圈圈出重要性相对较高（或决定性）的数字。
资料来源：由笔者参考 JUDD B.R. 等人数据（前载）制作。

决定性影响。而无论对哪种释放机制来说，接触面上的微生物对计算结果的影响都小到可以忽略不计。

　　面对不确定性，人们有时无法确定预测是否合理，陷入单纯的机械计算中。要避免这种状态，一个有效的方法就是明确区分构成计算结果的核心要素和其他要素。通过这个方法，有时可以发现意想不到的逻辑矛盾或计算错误。此外，通过后文介绍的敏感性分析，定量把握各因素的预测误差对计算结果的影响程度也十分重要。

将专家意见转变为概率（1）：提防"认知偏差"

● 数据有限时可借助专家的力量

如果能获得解决问题所需的"客观"（科学）信息，当然可以利用它们。但很多时候，特别对人类首次面临的任务来说，可用的客观信息极其有限。本任务在当时可用的客观信息也只有对在地球上进入火星探测器的微生物数量的估计值、已经获取的火星数据以及微生物学的相关知识等。这种情况下，就应该充分借鉴专家的"主观"判断。实际上，本任务中的预测数值中就有一些是根据专家意见确定的。

不过专家也是人，虽然他们具备丰富的专业经验和知识，但有时也难免会陷入心理学陷阱。因此，不仅要在认识到存在陷阱的基础上来理解专家的意见，还应该预先将落入陷阱的概率控制在最低水平。

下面介绍一些心理陷阱方面的研究成果，其中也包含本任务进行时尚未问世的内容。

◉ 心理学及行为经济学揭示的典型陷阱

心理学和行为经济学的相关研究发现有很多陷阱会妨碍人们做出理性决策，我们常会无意识地陷入其中。下面就介绍几个典型的"认知偏差"。

锚定效应（Anchoring Effect）

锚沉入水中后，船就无法移动，同样地，人们在最开始接收了某些信息之后，思维也会受到这些信息的束缚。人们倾向于依据最初的信息形成一个标准值，之后再从与这个标准值的偏离程度去判断其他信息。

心理学家阿莫斯·特沃斯基（Amos Tversky）与 2002 年获得诺贝尔经济学奖的心理学家、行为经济学家丹尼尔·卡尼曼曾做过一个实验，要求受试者回答非洲国家在联合国所占的比例，得到的结果非常有趣。他将受试者随机分为两组，问第一组"是否超过 10%"，问第二组"是否超过 65%"，然后告诉受试者 10% 和 65% 这两个数字都是随机挑选的。接下来，他请两组受试者猜测非洲国家在联合国所占比例，第一组回答的比例平均为 25%，第二组为 45%。这表明提问中出现的百分比对受试者的判断产生了影响。

这个实验提醒我们，请专家预测时，提问中说到的数字可能会影响专家的判断结果。

过度自信

人们倾向于过小评价根据现有信息无法排除的不确定性。有时专家预测了可能出现的数值范围，但真值却并没有落在这一区间，这种情况的发生概率远高于我们的想象。"置信区间"（Confidence Interval，CI）可以解释这个现象。NASA 的决策过程也常会用到这个统计学概念。

置信区间是指有一定概率包含了真值的区间。真值落在该区间内的概率为 90% 的区间叫作 90% 置信区间。例如你预测下一季的新客户数量基本上不会低于 8 家，也不会多于 12 家。如果你认为新客户的实际数量介于 8 家和 12 家之间的概率为 90%，那么"8 家以上 12 家以下"就是一个 90% 置信区间。

90% 置信区间意味着设定区间上限时要确保真值超过上限的概率不超过 5%（图表 1-10）。也就是说，必须有 95% 的把握确保真值小于上限。如果没有这么大的把握，就必须提高上限，扩大区间范围。对下限也是同样。

图表 1-10　如何设置 90% 置信区间的上下限（贝叶斯学派的解释）

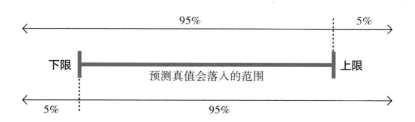

从置信区间的角度来定义"过度自信"，即人们对各种情况设定 90% 置信区间时，真值实际落在这个区间的情形所占的比例要远低于 90%。也就是说人们预估的范围往往过窄。专家也同样具有这种倾向，尤其在 NASA 航天任务等实行难度较高的决策更为明显。此外，同时存在多个不确定性因素时，人们往往更关注自己熟悉领域的少数因素，而忽略其他。特别是有些现象几乎从未发生过，相关数据也极为有限，人们就很难注意到它，其结果便导致预测的区间过窄。

我还想从概率的角度来补充一点。预测某种情况的概率是 0.5，表示发生和不发生的可能性各占五成，这并不是一个很坚定的判断。将概率预测为 1.0（一定发生）或 0.0（绝对不会发生）则是很坚定的判断。人们倾向于将概率预测为接近 1.0 或 0.0 的数值，这也是过度自信的一个表现。

基本比率谬误（忽视基本比率）

假设你是一位战斗机飞行员，在一次空战中，被 A 国战斗机和 B 国战斗机团团围住。你有 0.8 的概率能够通过战斗机的外观正确分辨出它是哪个国家的。已知 B 国战斗机数量是 A 国的 5 倍。此时，你认为某架战斗机是 A 国的。那么，它实际上确实是 A 国战斗机的概率是多少呢？

如果你的答案是 0.8，那么你就陷入了基本比率谬误的陷阱中。你忽略了问题中的基本比率，即 A 国战斗机数量远远少于 B 国，只占整体的六分之一。正确答案不是 0.8，而是只有

4/9。

贝叶斯定理非常适合用来计算这个概率。为了简化计算过程，我们假设 A 国战斗机为 10 架，B 国战斗机为 50 架。在 A 国战斗机中，你能够正确识别出来的数量为 8 架（=10×0.8）。此外你还有 0.2 的概率会将 B 国战斗机误认为 A 国的，因此在 B 国 50 架战斗机中，你误认为是 A 国战斗机的有 10 架（=50×0.2）。所以，你认为是 A 国战斗机的共有 18 架（=8+10）。但在这 18 架战斗机中，只有 8 架真正属于 A 国，因此你正确识别出 A 国战斗机的概率是 8/18，即 4/9。

基本比率谬误在日常生活中也很常见。例如，如果简易癌症检测的结果为阳性，你一定会非常担心。但检查结果中包含假阳性，世界上的绝大多数人并不会得癌症。这会导致相当多的假阳性，所以即使检查结果是阳性，实际患了癌症的概率也并没有我们想象的那么高。

图表 1–11 是这个过程的图解。图（a）表示整体中只有很小一部分人是癌症患者。图（b）表示绝大多数癌症患者的检查结果是阳性，绝大多数健康人的检查结果是阴性，但也有一部分是阳性（假阳性）。由此可以得出结论：检查结果为阳性时，实际患了癌症的概率是"①的面积 ÷（①的面积 + ⑪的面积）"。

晕轮效应（光环效应、月晕效应）

人们在评价他人或事物时，如果最初已经对其某种特征形

图表 1-11　检查结果是阳性的很多人并没有患癌症

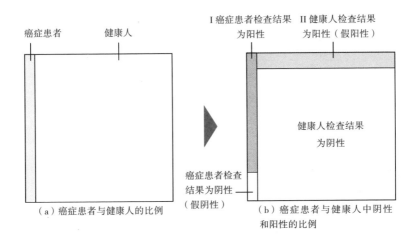

（a）癌症患者与健康人的比例

（b）癌症患者与健康人中阴性和阳性的比例

成了或好或坏的印象，便会倾向于据此判断后来获得的其他信息。对一个人的第一印象比较好时，之后也很容易只看到他好的一面。

如果专家对任务的核心技术产生了喜爱之情，便很可能轻视之后获得的技术信息中的负面内容，高估项目的成功概率。

从众效应（乐队花车效应）

假设你现在要向几个人征求意见。此时可以分别单独向每个人提问，也可以将所有人请到同一个房间，依次询问他们的答案。在后一种情况下，如果先回答的人的答案具有偏向性，后面的人也会受到影响。这是因为得知"某个看法被多数人所接受"，人们便会更加支持这个看法。这就是从众效应（Bandwagon Effect）。英语中的"Bandwagon"指走在游行队伍前方的乐队花车。

　　所以我们应该认识到，请多位专家一起分析问题时，他们可能会受到从众效应的影响。

将专家意见转变为概率（2）：征询意见的正确方式

◉ 提问方式和预防措施可以避免认知偏差

为了从专家那里获得有效的意见，需要思考如何提问才能尽可能避免认知偏差。此外，提醒专家意识到认知偏差的存在也会非常有效。

以下具体举例说明。在存在"锚定效应"的前提下，人们在预估置信区间时，可能会首先预想一个预测值，在其基础上加减推测误差，得到一个范围。这样的话也可能会导致范围过窄，出现"过度自信"的结果。因此应该分别讨论区间的上限和下限，确保使其满足"有95%把握"的条件。

此外还有另一种方法。可以先设定一个极宽的范围，然后依次排除两端的"不可能数值"。例如，某家企业计划新建一栋研究大楼，请专家团队估算建造费用。专家团队首先暂且确定1亿日元以上、1万亿日元以下的较大范围。接下来，假设仅购置最新的研究仪器就要花费15亿日元，那么就可以将下限提高至15亿日元；还有假设某"国家核心研究机构"无论规模还是功能都要高于此次计划建造的研究大楼，而前者的建造费用是 500 亿日元，那么就可以将上限降为 500 亿日元。多次重复这一过程，便可排除过低或过高的数值，缩小范围。这样也可以减少锚定效应的影响。

向多位专家征求意见也是一种有效方法。获得多位专家的意见后，需要通过某种方法汇总所有意见。最简单的方法是同等对待每一位专家，求出平均值。将多个意见平均起来可以减少潜藏在每位专家意见中的过度自信的影响。或者如果不同专家的意见在专业性和可靠性上存在差异，也可以为每位专家设定不同的权重。

此外第 6 章会介绍，为了避免认知偏差等各种偏差，NASA 还构建了一整套流程作为理性决策的基础。

◉ "比较"使概率更直观

一般情况下，极小的概率是很难评估的。评估低于 1/100 或 1/1 000 的概率时，面对错综复杂的对象，即便是专家也无法轻易得出答案。这种情况下，可以设想一个概率近似的情况，以此为判断标准。

例如，假设某位专家预测事件 1 的发生概率是 10^{-4}，事件 2 的发生概率是 10^{-6}。这表明该专家认为虽然事件 1 的发生概率大于事件 2，但两个事件基本上都不会发生。那么，10^{-4}、10^{-6} 的绝对数值又有什么意义，或者说有多大可信度呢？

对此，我们可以询问专家一个问题："您认为事件 2 和同花大顺的概率哪一个更高呢？"同花大顺指 5 张纸牌花色相同（均为黑桃或红桃等），且数字为"10、J、Q、K、A"，是扑克中最强的组合。

接下来，我们来计算最初拿到的 5 张纸牌能组成同花大顺的概率。首先，一副扑克有 52 张纸牌（除去王牌），从中选择 5 张纸牌，共有 2 598 960 种组合（C_{52}^5）[①]。其中能够成为同花大顺的组合在黑桃、红桃、方块、梅花中各有一个，共计 4 个。因此，出现同花大顺的概率为 4/2 598 960=1/649 740，即抽取 649 740 次，才能抽到一次同花大顺。

这个概率可以说非常低了，但 1/649 740 大约为 1.5×10^{-6}，还是要比发生事件 2 的概率大 50%。因此，如果专家回答事件 2 的概率要大于同花大顺，那么他实际上就是更改（上调）了自己的预估。

▶ "分解"使概率更好懂

前文介绍了流程分解，在请专家预测较小概率时，也可以用到这个方法。假设专家预测发生某事件的概率为 1/1 000，

①　组合指从 n 个不同元素中抽出 r 个组成一组，不考虑排列顺序，用 C_n^r 表示其总数。C_n^r 的计算公式为：$C_n^r = n \times (n-1) \times \cdots \times (n-r+1) / r \times (r-1) \times \cdots \times 2 \times 1$。因此，从 52 张纸牌中抽出 5 张的组合数为 $C_{52}^5 = 52 \times 51 \times 50 \times 49 \times 48 / 5 \times 4 \times 3 \times 2 \times 1 = 2\ 598\ 960$。

那么还可以用下面的方法提高其可靠性。

假设该事件可以分为三个流程，专家预测各流程的概率分别为 1/5、1/8 和 1/20。这种情况下，可以得知该事件的概率为上述三个概率的乘积，即 1/5 × 1/8 × 1/20=1/800，这个结果会更具说服力。

利用"敏感性分析"进行检验

◉ 确认结果是否"稳定"

通过上述一系列分析，最终计算出火星探测任务将地球微生物带入火星的概率为 6×10^{-6}。这个水平比 NASA 规定的 10^{-4} 的 1/16 还要小，如果这一数值没有问题，火星探测任务就可以顺利实施。

但是，计算过程中对各项因素的假设值中多少会存在误差。而且由于因素数量较多，即使单个误差的影响很小，相乘之后的影响也有可能很大。这样来看，1/16 的结果也并不能让人完全放心。

因此接下来又通过"敏感性分析"来考察重要因素的不确定性。无论是管理还是任务，都需要定量把握不确定性因素对结果带来的影响，此时就需要"敏感性分析"。敏感性分析能够直观地体现出因素数值变动对结果造成的影响。例如，企业在预测下期利润时，需要计算如果销售额比预计减少一成，利润会如何变化，或者成本率比预计增加 5% 又会怎样。如果存在多个影响因素，还需要比较各因素的影响力大小，优先处理重要性高的因素。

对本次任务进行敏感性分析的结论是，微生物增殖的概率超过 10^{-4} 的可能性极小，而低于 10^{-6} 的可能性则相当大。也就是说，虽然充满了不确定因素，但对能否确保微生物增殖的概率不超过 10^{-4} 这个问题，答案有很大的概率是 YES。我们从中可以得到一条宝贵经验：即使充满未知，也未必无法得出结论。

那么，本次任务得出的结论到底是否可靠呢？接下来就简单介绍本次任务中实施的敏感性分析，来讨论其结论的"稳定性"或者"稳固性"。

◑ "不确定性 × 敏感性"决定精确度

对本次任务的结果起决定性影响的重要因素，是指数值变化会对微生物增殖概率的测算结果产生极大影响的变量。这里需要注意的是，不确定性高的并不一定就是决定性因素。如果一个变量的波动不会导致结果发生较大变化，也就是说敏感性低的话，即使不确定性高，其影响也是有限的。而在不确定性较低的情况下，即使敏感性略高也不会对结果产生太大影响。对测算结果进行敏感性分析时，需要确定变量的不确定性与该变量的变化对结果的影响程度（敏感性）的乘积。

请看图表 1–12 的示意图，阴影部分代表决定性因素。图中位于 A 的变量可以通过获得更多信息降低不确定性，从而变为非决定性因素。也就是说，新增信息对提高测算结果的精确度可以产生较大贡献。但这一点并不适用于位于 B 的变量。因此，同样是花费时间和精力获取更多信息，应该优先处理 A 变量。不过如果同样成本可以更大幅度降低不确定性（如 B'）的话，则可以优先处理 B' 变量。

◯ 用两种敏感性分析来筛选决定性因素

　　敏感性分析一般有两种方法，即以单个因素为对象进行分析和以多个因素的不同组合为对象进行分析。单因素敏感性分

图表 1-12　成本相同的情况下，获取 A 的更多信息要优先于 B

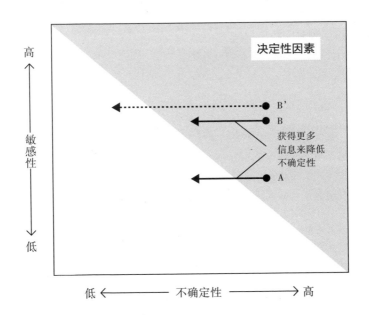

图表 1-13　释放过程的单因素敏感性分析

因素	90% 置信区间		
	下限	基准值	上限
1. 外部的微生物数量	2.2	11	55
2. 内部空间的微生物数量	3.2	16	80
3. 接触面的微生物数量	1.8	9	45
4. 固体材料内部的微生物数量	4 000	20 000	100 000
5. 硬着陆的发生概率	0.0004	0.002	0.01
6. 内部空间及接触面的微生物因硬着陆而暴露的概率	0.01	0.1	1.00
7. 固体材料内部的微生物因硬着陆而暴露的概率	0.0001	0.001	0.01
…	…	…	…
12. 固体材料内部的微生物因腐蚀而释放后的存活率	0.00001	0.0001	0.001
13. 微生物因震动等方式释放后的存活率	0.001	0.01	0.1

资料来源：由笔者参考 JUDD B.R. 等人数据（前载）制作。

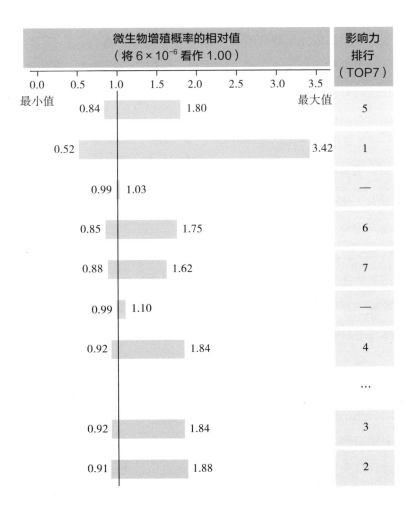

析法在只改变一个变量、其他变量不变的情况下，求出微生物增殖的概率会怎样变动。变量的变化幅度没有具体规定，此任务采用了前面介绍的 90% 置信区间。

变量的不确定性越高，90% 置信区间的范围越大。真值落在区间外的可能性只设定为 10%，因此上限和下限都需要选取非常有把握的测算值。这样设定范围后，即使变量的不确定性较高也能有效进行敏感性分析。

下面以释放过程为例介绍单因素敏感性分析。分析结果如图表 1–13 所示。13 个因素中，"2. 内部空间的微生物数量"的预测值在 90% 置信区间内变动时，微生物增殖的概率最小为约 0.5 倍，最大为约 3.4 倍，可知该因素的影响力最大。从该图表中还发现其他影响力相对较大的因素。相比之下，还可以发现 "3. 接触面的微生物数量" 等因素变动时，微生物增殖概率几乎没有任何变化。

接下来看多因素敏感性分析，从 13 个因素中选取多个进行组合，会有多少种方式呢？对每个因素来说，都会有包含在组合里的情况和不包含在组合里的情况，即共有 2^{13} 种方式，去除只包含 1 个因素的 13 种组合和不包含任何因素的 1 种组合，结果为 $2^{13}-13-1=8\,178$ 种组合方式。如此众多的组合方式不可能全部进行敏感性分析。那么，又该如何挑选进行敏感性分析的组合呢？本事例中有 2 种方法。

1. 对单因素敏感性分析中影响力较大的因素进行组合

2. 对单独影响力有限，但与其他因素组合后影响力增大的因素进行组合。各组合内包含的因素在图表 1–7 的情景树中位于同一条路径上

表 1–14 显示了多因素敏感性分析中最简单的双因素敏感性分析的具体方法。2 个因素可以用二元矩阵来表示，在直观上更易于理解。当 2 个因素中的一个在 90% 置信区间内变化，另一个保持不变时，微生物增殖的概率最大只有 2 倍。但当 2 个因素同时变化时，微生物增殖的概率最大值可以达到 6 倍。

图表 1–14　多因素敏感性分析（双因素）

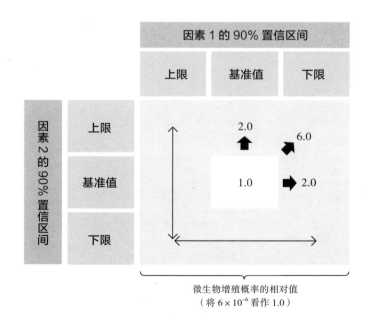

微生物增殖概率的相对值
（将 6×10^{-6} 看作 1.0）

通过对本任务的敏感性分析发现，某 3 种因素组合起来可以导致微生物增殖的概率最大达到 25 倍。不过也要注意到，因素数越多，所有因素的影响力"同时"增大或减少的可能性也越小。

本次任务中最重要的问题是消除人们的担心，即证明微生物增殖概率为 6×10^{-6} 这个结果实际上不会超过 10^{-4}〔即不会增至高于 $10^{-4} \div (6 \times 10{-}6) \fallingdotseq 16.67$ 倍的水平〕。如果只考虑释放过程中单个因素的变化幅度，那么根据图表 1–13 完全可以忽略这个担心。但这并不能消除人们对多个因素同时变化导致微生物增殖概率超过 10^{-4} 的担心。不过本次任务针对该种可能性进行了模拟实验，结论是仅有百分之几。

提高评估结果的可靠性

事例 1 通过敏感性分析法锁定了微生物增殖的决定性因素。锁定决定性因素后，可以从两个方向来解决微生物增殖问题。其一是改变任务的结构，以降低决定性因素的影响力。这是根本性措施。其二是不改变任务结构，通过其他补充调查来减少决定性因素的不确定性。

第二个方向的关键是如何提高决定性因素相关信息的精确度。为了实现这个目的，值得投入时间和成本获取更多相关信息。但对于非决定性因素来说，更多信息并不会带来很大改变，因此继续获取信息的重要性就比较低。

在事例 1 中，即使获取更多相关信息重新进行评估，结果发生大幅变动、颠覆之前的结论的可能性也很小。从这个意义上来看，获取更多信息的必要性较低。当然如果新的信息能够改善或重新构建评估方法则另当别论。万事总还是有进步的空间。

理性选择法

——探寻最优解

个人或组织都常会面临选择。选择一般来说意味着在不确定的情况下决策，那么应该如何做出理性选择呢？"理性"的精确含义是什么，并没有明确答案，不过也可以从某些角度对其进行定义。

定义"理性"的前提是实现决策的"最优化"。最优化也有很多种含义，不能单纯等同于"好"或"坏"的概念。决策者的一些非理性行为很难说是最优决策（例如几个决定在逻辑上相互矛盾），但只要符合他本人的判断，别人就不能说是个"坏"的决策。

"决策树"（Decision Tree）是通过最终决策实现理性选择的基本工具。它能从结构上直观地体现复杂的决策问题，便于人们通过定量计算做出最优判断。作为一种便利的管理工具，决策树对商务人士来说并不陌生，而 NASA 也从很早以前就用它来分析宇宙项目。

本章的内容构成如下。首先，在考虑"理性选择"的含义之前，先来看人们在实际决策时的局限或习惯，介绍可能妨碍最优决策的因素。然后在此基础上考察相应的决策原理（行动方针），介绍如何构建理性选择的框架来改进以上情况，以便在风险及不确定性中做出理性选择。

掌握理性选择的要点之后，就可以进入决策树的说明环节。在这一部分除了决策树使用方法，还会介绍决策树带来的好处。

最后，事例部分会介绍设计火星探测项目时决策树的运用方法。这一事例展示了面对行星探测等高难度问题时一步步找到最优解的过程，非常有意思。此外，还会介绍如何在决策过程中预测成本、概率、价值等重要因素（变量）。

进入正文之前，还有一点需要提醒大家注意：一般来说，人们在"心里发誓"要为了某个目的或目标而采取行动时也会认为这是"决策"，但其实更重要的决策是指实际投入了无法收回的资源（资金、时间等）的情况。本章主要以后者为讨论对象。

此外，本章的立场是：结果并不是评价决策是否恰当的标准。用掷骰子的方法进行决策偶尔也会收到好结果，但并不能说这就是恰当的决策。无论受到偶然性影响的最终结果如何，只有可能从逻辑上带来好结果的决策才是最优的决策。

 为什么会判断错误

▶ "实际做出的决策"与"应该做出的决策"

　　讨论决策通常有两种方法。一种是"描述现实",探讨人们决策时会遵循哪些思考过程,被称为"行为决策理论"。这种方法不提示判断决策方法好坏的标准。也就是说,其目的不是对决策做出价值判断,而是依据心理学等的研究成果,对现实的行为或数据做出适当的解释。

　　另一种方法是"描述理想",即讨论人应该如何决策,被称为"古典决策理论"。采用这种方法的代表性领域包括经济学,特别是博弈论等。本章主要采用古典决策理论来讨论最优决策方法。NASA 的任务事关国家威信,必须构建规范、理想的决策方法。

　　进入古典决策理论之前,先来介绍一下行为决策理论的主要观点。实际决策时,总有一些因素妨碍我们做出最优的选择,对此做简单说明之后,再来介绍如何依据古典决策理论来避免"非"最优事态,这样效果会更好。

▶ 方便好用的判断方法常存在较多偏差

人人都希望做出明智的选择，但很多情况下我们无法预想出所有选项并从中选出最优答案。一般来说，与充分考虑所有可能性相比，人们更倾向于根据过去的经验尽快解决问题。这样取得的结果也并不一定会完全偏离预期。

例如，假设你要和一家新开发的商店谈判，决定本公司为其供货的产品价格。作为理想的状态，除了本公司的成本结构、其他公司同类产品的市场价格之外，你还应该对该商店的经营状况、本公司希望如何与其构建中长期商业关系等各种因素全都考虑周全，然后制定出谈判策略。但实际上，你可能只根据过去与其他商店谈判的经验，先提出一个比预期略高的价格，然后再努力周旋，争取谈到自己期望的价格就可以了。只要能确保公司获得稳定的收益，这种谈判方法也算令人满意。

心理学上把这种依据经验进行判断的方法称为"启发法"（Heuristic）。启发法能简化决策过程，提高决策者获得满意答案的可能性。但启发法有时也会起反作用，妨碍最优选择。下面介绍用启发法判断或选择时的代表性偏差。

代表性启发法

人们常依据自认为典型的事例来判断其他情况。下面假设有一位 A 小姐，25 岁，单身。大学时学的历史专业，参加了交谊舞社团，周末还曾在福利机构打过工。下面有三条关于 A 小姐现状的描述，请按照你认为属实的可能性大小进行排序。

（a）A 小姐在参加志愿者活动。

（b）A 小姐在外资银行工作。

（c）A 小姐是一名参加志愿者活动的外资银行员工。

可能有人排序的结果是（a）→（c）→（b）。想象一个符合 A 小姐特征的典型女性形象，会感觉 A 小姐与外资银行职员的形象不太相符，因此认为（b）不太可能是真的。（c）也同样提到 A 小姐是外资银行员工，但如果 A 小姐对志愿者的活动比对银行的工作更热心，那么这条描述就和想象中的典型形象更接近一些。但从逻辑上来看，（c）的可能性不可能大于（b）。如图表 2-1 所示，（c）是（a）和（b）的共同部分。如果（c）是正确的，（b）一定也是正确的。但（b）是正确的却并不代表（c）一定正确。也就是说，（b）的可能性绝对不会小于（c）。这就是代表性启发法导致判断错误的例子。

可得性启发法

人们倾向于重视比较容易想起的记忆或是日常生活中可以轻易获得的信息，以此为依据进行判断。也就是说，我们会受到容易想到的信息的影响，寻找可以作为参考的事例时，

图表 2-1　关于 A 小姐的三条描述之间的关系

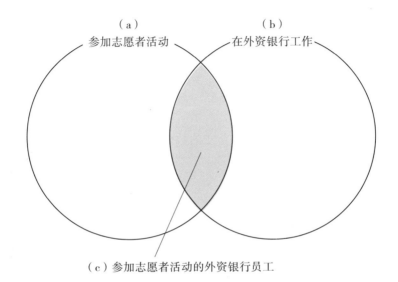

（a）
参加志愿者活动

（b）
在外资银行工作

（c）参加志愿者活动的外资银行员工

往往会选自己常接触到的或者更显眼的事例。这样选出的参考事例具有偏向性，无法真正代表所有研究对象，导致判断错误。此外，选项出现的顺序或布局等也会影响判断。第一个和最后一个选项或者摆放在货架两端的商品更容易引起人们的注意。

下面举例说明。你觉得每年死于胰脏癌的人和死于交通事故的人，哪一种更多呢？如果有准确的数据，我们很容易找到正确答案。但没有数据时，就只能依靠记忆来寻找线索了。电视、网络上每天都会出现和交通事故有关的新闻。关于交通事故的报道远远多于胰脏癌，记忆中的参考事例要偏向交通事故，因此人们就有可能会判断死于交通事故的人更多。实际上，死于胰脏癌的人数要多出好几倍。除了热衷于收看健康节目，知道胰脏癌死亡率之高和死亡人数有增加倾向的人，其他人判断错误的可能性应该不小。

锚定和调整启发法

人们倾向于参考最初获知的数值等进行判断，即本书第 1 章介绍的锚定效应。

框架效应

可口可乐公司董事长罗伯特·戈伊苏埃塔（Roberto Goizueta）的故事可能会有助于大家理解框架效应。他被美国《财富》杂志评选为"最受尊敬的 CEO"之一，是一位极具传奇色彩的企业经营者。

在戈伊苏埃塔出任可口可乐公司 CEO 的 1981 年，该公司产品的"软饮料市场"占有率高达 45%，对此感到满意的管理层确立了保守的发展战略。但戈伊苏埃塔对此非常不满，他彻底改变了该公司看待市场的方法。他根据人们每天摄入的水分量和世界人口总数计算出"世界饮料市场"规模，使管理层意识到，以这一市场为对象来看，可口可乐公司的市场占有率只有 2%，还有 98% 的市场有待开拓。在戈伊苏埃塔任 CEO 的 17 年间，可口可乐公司持续快速发展，总市值增至原来的 35 倍以上。

　　戈伊苏埃塔促使管理层将思考框架从软饮料市场扩大为整个饮料市场，大幅改变了公司的管理决策。信息展示方法或问题的设置方式（框架）的改变会使人们的判断发生巨大改变。

　　事关生死或利益得失时，有时只是改变了相同选项的表达方式，人们就会做出不同的选择，框架效应的作用在类似事例中尤为明显。某项著名的研究结果显示，向必须手术的重病患者和家属征求意见时，面对医生"手术失败导致死亡的概率是 25%，您愿意接受手术吗"和"手术成功幸存下来的概率是75%，您愿意接受手术吗"的不同提问方式，家属和患者的判断是不同的。两种提问方式所代表的生死概率一样，但比起在死亡的框架内提问，在生存的框架内提问更能让人积极地面对手术。

　　关系到利益得失时，人们对收益和受损会做出不同反应。数额相同时，人们更重视损失，倾向于规避损失。由于这种规避损失的特性（也有其他原因），面对收益框架内的选项和损失框架内的选项，即使二者最终预计可获得的数额（概率）相同，人们的选择仍会具有偏向性。

　　框架效应存在于日常生活中的很多方面。例如，有两家超市，一家的某种商品一直按照 700 日元的价格销售，而另一家超市则给同样商品标价 1 000 日元，同时贴有七折销售的标签。你觉得哪家更有吸引力呢？两家超市的价格其实都是 700 日元，按理说并不存在"更喜欢哪一家"的问题，但实际上，顾客在两家超市的购买欲是不同的。企业的市场营销其实与框架效应具有密不可分的关系。

从决策的角度来看，对处于不同框架中的相同问题做出不同决策是非理性的。

证实偏差

人们常会依据第一印象或周围人的评价进行判断。"他这个人不错""那家餐厅的菜很好吃""那家企业的产品特别棒"等等，你肯定也遇到过类似情况。无论判断时使用了什么材料，无论判断的依据多么薄弱，一旦做出判断，对决策者来说，这就是他做出的假设。

假设会对之后的判断产生强烈影响。人们总是希望朝着支持假设的方向来解释（或取舍）信息，从而证实自己的判断是对的。这种谬误被称为"证实偏差"。人们常说"恋爱是盲目的"，这就是证实偏差的典型事例。

对于企业的品牌管理而言，证实偏差是一项非常重要的因素。如果能够通过多年积累的经营业绩、高品质的产品、给人以高端印象的广告等使消费者建立起"这家企业的产品好"的假设，他们之后继续长期购买本公司产品的可能性也会更高。

▶ "果酱实验"揭示的真相

哥伦比亚大学商学院的希娜·艾扬格（Sheena Iyengar）教授曾做过一个著名的"果酱实验"，体现了人们在日常生活中遵循行为决策理论进行判断的典型情况。该实验的结果与人们在直观上认为选项越多越好的偏见完全相反。这一结果在世界范围内受到广泛关注，也影响了企业向顾客提供选项的方法。他们开始对选项的数量设置上限，就连全球著名咨询公司麦肯锡也采纳了这个结论。

果酱实验在美国加州门洛帕克市的一家食品店内进行，在试吃台为顾客提供果酱时，按照 6 种和 24 种两种方式，每隔几个小时轮换一次。原以为果酱种类越多，顾客找到自己想要的果酱的可能性就越大，所以能带来销售额的增加，但结果却并非如此。果酱种类过多反而会导致购买率下降。试吃的顾客看到有 24 种果酱，走到果酱货架后会变得犹豫不决，最后很多人什么都没买便离开了。实验数据的统计结果表明，提供 6 种果酱时，有 30% 的顾客试吃后购买了果酱，而提供 24 种果酱试吃时，只有 3% 的顾客购买。

当然，在分析影响销售额的因素时，除了购买率，还必须考虑到走到试吃台的顾客人数。实际上在当天光顾食品店的顾客中，有六成走到了提供 24 种果酱的试吃台前，而提供 6 种果酱时，则只有四成顾客走到试吃台前，可见丰富的备选种类确实有助于吸引顾客的注意。假设当天有 100 名顾客光临，那么就有 60 人走到 24 种果酱的试吃台前，其中最终有 3% 即 1.8 人购买了果酱。而提供 6 种果酱时，有 40 人走到试吃台前，最终购买了果酱的有 30% 即 12 人，是 24 种果酱时的约 6.7 倍。这说明确实是产品种类较少时销售额更大。

　　面对过多选项时，人们貌似会受到选项数量的影响，无法集中注意力去选择，或者干脆拒绝选择。相比之下，限定选项的数量则有助于人们专注于真正重要的事情。这种情况下，选择会变得更容易，但也可能无法找到最佳的选项。

 追求"理性"决策

▶ 理性选择范式

本节开始介绍古典决策理论，讨论的前提是：为了选到最优选项，必须理性选择。这一机制有助于减少人们常犯的非理性的判断错误。构建经济学模型时会假设理性，但其具体含义取决于我们如何去规定，至少要满足最低条件：各项规定之间要保持一致性，无互相矛盾之处。除此之外，理性选择还需要满足以下两个要素。

①与目标一致

决策者的目标不同，最优选项自然也会不同。选择时需要确保得到最符合目标要求的结果。例如，假设公司正在讨论一个新的投资方案。在有限的投资预算的约束下，必须从几个备选方案中选出实际的投资对象。目标不同，选择的方案也会不同。

对企业而言，最终的理性目的是实现股东价值的持续增

长，为了达到这一点，目的会以多种表现形式出现。虽然会受到业务发展阶段、竞争对手动向、为员工设定的任务目标是否通俗易懂等多种因素的影响，但一般可以将目标设定为营业额增长、经常性净利润增加、股本回报率（Return On Equity，ROE）的提升、经济附加值的增长（Economic Value Added，EVA）、总市值的增加 ① 等。在开创业务的初期，如果企业认为让尽可能多的消费者了解本公司产品是最重要的目标，那么不顾利润或收益率而扩大销路的做法也可能更为有利。

销售额增加未必能带来利润的增长，利润的增长也未必意味着利润率上升，这些具体目标并不一定都是朝着相同方向发展的。因此，具体目标不同，被选作最佳投资对象的方案也可能不同，而且结论也应该因目标的不同而不同。在 NASA 的决策过程中，设定目标也是非常重要的一环，这一点在第 6 章还会再谈到。

目标不可避免地会带有决策者的主观判断。因此，依据目标进行决策，并不一定就是"客观的"理性选择。必须要注意到，如果目标定得不合适，那么理性选择的结果也可能不合适。因此，为了提升理性选择的质量，必须要思考目标是否合适。

---

① 需要注意，企业通过发行新股筹措资金时，总市值会相应增加，但此举并没有产生任何附加价值。

②效用最大化

所选选项还必须使"效用函数"达到最大化。"效用函数"听起来很难，其实可以理解为"衡量满足度的标尺"。对决策者来说，能够获得最大效用（满足度）的选项就是最优选择。利用效用函数在多个选项之中确定偏好关系，需要进行一定的假设，不过效用最大化是一个非常实用的选择标准。

效用最大化的前提是"确定条件下的决策"。确定条件下的决策以具有确定结果的选项为研究对象。例如，假设一家企业进行经济分析后，得出的具体数字为选择战略 S1 可获得 5 000 万日元利润、选择战略 S2 可获 3 000 万日元利润，因此选择利润更大的战略 S1。

但现实生活中，很多时候无法获得确定的数字。例如，假设前面例子中的战略 S1 有 50% 的概率为企业带来 1 亿日元的利润，还有 50% 的概率一分不挣，因此期望收益[①]为 5 000 万日元（=1 亿日元 ×50% + 0 日元 ×50%）。相比之下，战略 S2 的利润有 50% 的概率是 3 500 万日元的利润，有 50% 的概率是 2 500 万日元，因此期望收益为 3 000 万日元（=3 500 万日元 ×50% +2 500 万日元 ×50%）。战略 S1 的期望收益虽然高，

---

① 期望收益为针对所有可能发生的情况计算"发生时的值 × 该情况发生的概率"，并将所有计算结果求和的结果。通过计算期望值，可以将以不同概率出现不同值的变量信息统合起来。假设概率变量 X 可以取 N 个值，分别是 x_1, $x_2 \cdots x_N$（x_i；$i=1$，$2 \cdots N$），x_i 的概率为 p_i 时，期望值 $E(X)$ 的计算公式为：$E(X) = x_1 p_1 + x_2 p_2 + \cdots + x_N p_N$。

但也有可能一分不挣，而战略 S2 却可以保证最少获得 2 500 万日元的利润。战略 S1 和战略 S2，选择哪一个更合理呢？

这是决策时无法准确得知每个选项结果的情况。类似"不确定条件下的决策"可以以期望效用为基准，选择能使期望效用最大的选项。效用最大化是期望效用最大化的特殊情况。

▶ 在约束条件下求"最优解"

理性选择需要确定目标，定义出能够准确反映该目标的效用函数，实现期望效用最大化。在这类最大化问题中，需要通过不断改变决策者可以决定的变量（决策变量），来寻找可以使期望效用达到最大的点。不过一般情况下，决策变量并不能随意变化，它需要满足一定的约束条件。

例如，如果企业的经营目标是业务价值的最大化，那么就可以将各项目的"净现值①"（Net Present Value，NPV）之和看作效用函数。如果认为净现值计算起来太过复杂，也可以用与价值强相关的财务指标来代替。索尼公司在 2015 年 2 月 18 日

---

① 　净现值是项目产生的自由现金流的现值总和。"自由现金流"是指从企业经营活动获得的现金流（一定期间内现金流入和流出的数量）中扣除为维持和发展业务而投入的现金流量后的剩余部分，是可以根据经营决策自由决定用途的资金。此外，"现值"是指将来的现金在现在的价值。现在获得 100 万日元和一年后获得 100 万日元的价值是不同的。例如现在获得 100 万日元并将它存入银行，一年后便可以获得超过 100 万日元的现金。如果企业（或个人）在一年后持有 105 万日元和现在持有 100 万日元这两个选项之间难以做出选择，就说明对该企业（或个人）而言，105 万日元的现值相当于 100 万日元。

公布的中期经营方针中表明要提升股本回报率。该公司将股本回报率定位为最重要的经营指标，重视收益性和资本效率。不过除了增加负债之外，将原本用于发展业务的资金用来购买本公司股票也可以提升股本回报率，因此为了弥补股本回报率的这一缺点，索尼同时还将营业利润也作为经营指标即将股本回报率和营业利润组合起来定义为效用函数。用净现值或财务指标确定效用函数之后，将人、物、资金及信息等经营资源看作决策变量，企业便可以通过对资源的最优分配来实现期望效用最大化，不过这些都要受到本公司所拥有的研发技术或生产设备、组织能力、资金（融资）能力等的制约。

下面再介绍一个 NASA 的事例，是探测器接近彗星并从其附近经过的任务（称作近天体探测飞行）。任务目的是拍摄彗星照片，以及进行与彗星喷发的气体或微尘有关的实验。探测器最接近彗星时的距离是左右任务结果的重要因素，必须确定出最佳距离值（＝此项目的决策变量）。确定距离的过程如实地反映了科学家和技术人员的不同意见，因为双方追求的效用（满足度）有着本质不同。

科学家关心的焦点是能否实现该项科学伟业，希望能够提高其科研价值。探测器与彗星之间的距离越近，科研价值越高。但是，探测器距彗星越近，由于机器故障或失灵导致任务失败的可能性也越大。任务失败便无法获得任何科研成果。因此，科学家的效用函数可以说是"成功率经过调整后的科研价值"，即"科研价值 × 任务成功率"。

　　而另一方面，技术人员关心的焦点则是不要丧失探测器。他们并不考虑科研价值，而是希望使探测器尽可能远离彗星。因此，技术人员的效用函数可以用任务的成功率来代替。

　　确定了科学家和技术人员各自的效用函数后，还必须将二者结合起来才能确定整个任务的效用函数。如何定义整个效用函数取决于是更重视科学家的意见还是更重视技术人员的意见。同等尊重双方意见的话，该任务的效用函数则可以确定为："科学家的效用函数 ×0.5+ 技术人员的效用函数 ×0.5"[①]。

　　最后，如果科学家和技术人员认可的最短距离确定在100km ~ 1 000km 的范围内，便可以将该范围作为约束决策变量的条件，确定能够使任务效用函数最大的最近距离。最终可以求出最近距离的最优选项为例如 400km 等数值。

---

① 为了确保双方效用函数的大小程度相同，效用函数被定义为在 0 ~ 1 的范围内取值。

理性选择的决策原理

▶ 扩展对理性的阐释

期望效用最大化的适用范围很广。（期望）效用最大化的对象可以通过各种各样的方法来确定。其中最简单、最便利的情况可能要数"效用函数＝利润"，只要选择能使利润期望最大的选项即可。

或者除了期望值的大小，定义效用函数时还可以将利润数值的分散程度（偏差）也一并考虑在内。假设两个选项的期望值相同，一个是"或者为 0 或者为 100（期望值为 50）"，而另一个是"确定为 50"。那么愿意赌一把，希望能够获得 100 的人就会喜欢前者，而想要百分百规避一无所获的风险的人就会喜欢后者。这说明期望值同为 50，从 0 到 100 的偏差也会影响到效用。

虽然期望效用最大化的适用范围很广，但只靠它并不能解决理性选择的所有问题。因为使期望效用最大的选项有时候很难摆脱时间、信息、能力或资金方面的束缚。这种情况下，可

以通过"扩大解释理性选择"的决策原理来提高实际工作中的
应对能力。

▶ 代表性决策原理

下面介绍几种符合（扩大解释的）理性选择的代表性决策
原理，其中包括"期望值理论"在内，有些原理并不一定完全
符合期望效用最大化的框架。但它们都兼具实用性与简便性，
可以根据其各自特征来选择使用。

期望值理论

该原理是求出期望金额，选择期望值最大的情况，即用金
额多少来预衡量期望效用。计算期望值是将概率不同的信息整
合到一起的常用方法，期望值理论十分直观好懂。但是，它也
有缺点，即期望值最大化未必总是有利的。

假设有个人正在考虑是否要购买癌症保险，这一年期间他
罹患癌症的概率是 1%。患癌需要花费 300 万日元的治疗费，
买了保险便可以一次性获得 300 万日元的赔付。作为代价，必
须支付一年 5 万日元的保险费。在这个事例中，治疗费用的年
支出期望值为 3 万日元（=300 万日元 ×1%+0 日元 ×99%），
而 5 万日元的保险费则要高出这个数值。那么，能说买保险的
判断不划算吗？

答案是否定的。因为虽然概率只有 1%，但确实也有可能

会患病。如果没有足够的经济能力支付治疗费，就很可能无法接受治疗而失去生命。而保险可以避免这种情况。

不过这也并不意味着期望值理论没有用。我们再从保险公司的角度来考虑这个事例。

保险公司一次性支付赔偿金的期望值是 3 万日元，最终支付的金额要么是 300 万日元，要么是一分不付，不确定性极高。保险公司收取了 5 万日元的保险费，如果最终没有赔付 300 万日元，便可以获得 5 万日元收益，但赔付时就亏损了 295 万日元。不过保险公司会有很多购买保险的顾客。假设其他顾客罹患癌症的概率也是 1%，且不同顾客之间不产生影响，那么依据统计学上有名的"大数法则"，可以计算出保险公司向每位顾客支付的平均赔偿金额非常接近 3 万日元。

重要的是，保险公司支付平均赔偿金的不确定性较小。也就是说，以众多保险购买者为对象计算得出的人均赔偿金额不会与期望值相差太多。因此，站在保险公司的角度来看，平均赔偿金额接近期望值（3 万日元），将年保险费设定为 5 万日元，那么将会有很大把握可以获利。因此对保险公司而言，基于期望值的决策是十分有效的。

期望值是以概率为基础进行的平均化计算。基于平均的选择只有在"多次选择行为"的前提下才是合适的。在可以多次重复选择的情况下，期望值理论是获得理想结果的最佳判断标准。不过要注意，在"人生只有一次"这个条件下，也有不少情况不适合这一原理。

期望和方差原理

该原理不仅考虑期望值的大小，还要同时考虑到数值的波动程度。在上文癌症保险的事例中，治疗费用的期望值是 3 万日元，但实际有一定的概率要支付 300 万日元，也有一定的概率一分不花，金额波动很大。如果能确定支付额是 3 万日元，一定没有人会花 5 万日元买保险。然而虽然支付额为 0 的概率很高，但也有可能要支付 300 万日元。考虑到买了保险就可以承担高额的治疗费用，因此即使 5 万日元的保险费要高于 3 万日元的支出额期望值，买保险也未必就是不符合理性。

如上所述，波动程度是决策的重要因素。人们需要在考虑了波动程度之后，再决定是否购买保险，即决策者应依据自己的"风险偏好"做出决定。

风险偏好可以分为"风险回避型""风险偏好型"和"风险中立型"。一般而言，多数人的行为都属于风险回避型。以癌症保险为例，对于风险回避型决策者来说，与其置身有 1% 的概率支付 300 万日元、99% 的概率一分不花的不确定情况下，他们更偏好踏踏实实地支付 3 万日元。在存在不确定性的情况下，如果保险公司可以代替自己承担风险，他们情愿支付高于支出额期望值（3 万日元）的保险费（5 万日元）。

获得收益的例子可能更易于理解。例如买彩票时，与碰运气赌一把能否中大奖相比，风险回避型决策者更倾向于确保获得奖金期望值（由于中奖概率很低，奖金期望值要远远低于中奖时的奖金数额）。买彩票的费用自然高于奖金期望值，因此风险回避型决策者便不会买彩票，以免承受多出的损失。

　　与风险回避型相反的是风险偏好型。购买彩票的决策者都属于风险偏好型。经济学模型都是以风险回避型行为作为标准前提，而很少假设风险偏好型行为。既不回避风险也不追求风险的行为被称为风险中立型。风险中立型不依据波动程度去判断选项优劣，而是选择能使期望值最大的选项（也就是说，他们会按照期望值理论进行判断）。

　　与 NASA 相关的分析一般会将其假设为风险中立型决策者。因为 NASA 是政府机构，对待风险的态度既不积极也不消极。此外，为风险中立就可以将期望值最大化作为决策依据，使问题简单化。

　　衡量波动程度的代表性标准是"方差[①]"或其平方根"标准差"。方差表示数据分布对期望值的偏离程度。均衡考虑期望值和波动程度进行决策时，可以以"期望值 ÷ 标准差"或"期望值 – 标准差"为衡量尺度，选择能使其实现最大化的选项。期望值越大，或者波动程度（标准差）越小，结果的数值越大。

抱负水平原理

　　该原理是将希望实现的最低利润或其他条件定为"抱负水平"，选择最有可能实现抱负水平的选项，或者也可以作为简

---

① 概率变量 X 的方差 V（X）的计算公式如下：

$$V（X）=（x_1- E（X））^2 p_1+（x_2- E（X））^2 p_2+\cdots\cdots+（x_N- E（X））^2 p_N$$

便方法，在找到一个满足抱负水平的选项时直接选择它。在信息和时间有限时，或者在一定精力范围内寻找恰当结论时，抱负水平原理非常好用。

下面举一个简单的例子。假设你周末打算出门放松一下，于是对几个目的地进行了比较。如图表 2-2 所示，候选目的地有 3 个，其满足度（效用）会因当天天气的不同而不同。天气分为晴、阴、下雨 3 种情况，假设其各自发生概率分别为 0.5、0.3、0.2。

首先，将满足度的抱负水平设定为 30 时，应该选择电影院。计算各目的地满足度超过 30 的概率，可以得出：海边为 0.8（晴的概率 0.5+ 阴的概率 0.3），游乐园为 0.8（与海边相同），电影院 1.0（无论天气状况如何，满足度都超过 30），因此电影院的概率最高。接下来，将抱负水平设定为 50，计算各目的地满足度超过 50 的概率，海边为 0.5（只有天气为晴时符合），游乐园为 0.8（0.5+0.3），电影院为 0，因此应该选择游乐园。最后，将抱负水平设定为 70 时会选择海边，因为只有海边的满足度超过 70（概率是 0.5）。如上所示，设定的标准不同，依据抱负水平原理选出的选项也不同。

可能有读者会认为用这种小事做例子缺乏实用性，其实在商业活动中也常会用到与图表 2-2 类似的情况。例如，某家公司在讨论如何提高生产能力时，有新建工厂、扩建现有工厂和引入最新设备 3 个候补选项（分别对应图表 2-2 中的海边、游乐园和电影院），将来的经济形势是好转、维持现状还是恶化

图表 2-2　休闲目的地与满足度（效用）

		天气		
		晴	阴	下雨
目的地	海边	80	40	10
	游乐园	50	60	20
	电影院	40	40	30
	发生概率	0.5	0.3	0.2

（分别对应图表 2-2 中的晴、阴、下雨）会导致公司预期收益或效用的不同。大家也可以在自己所处的环境中，找到可以应用图表 2-2 的场景。

最大似然未来原理

该原理是只关注发生概率最高的状态，即最有可能成为现实的未来（最大似然未来），选择最优选项。用前文的图表

2-2 的例子来说明，概率最高的天气情况是晴（晴 0.5 ＞阴 0.3 ＞下雨 0.2），在这一状态下满足度最高的选项是海边（海边 80 ＞游乐园 50 ＞电影院 40）。因此选择去海边。

最大似然未来原理适用于某种状态的发生概率明显高于其他状态，或者所有状态下能获得的收益或效用相差较小的情况，也就是说，即使出现了最大似然未来之外的状态，也不会造成太大的损失。在图表 2-2 的事例中，晴的概率并不是格外高，此外万一下雨，去海边的满足度会大幅下降，因此可能并不适合利用最大似然未来原理来判断。

极大极小原理

该原理是找到最糟糕（最悲观）的情况，选择在最糟糕情况下收益或效用最大的选项。也就是说，在最糟糕的事态中努力获得最好的结果。这种方法是使最低收益或效用（min）实现最大化（max），因此称为极大极小（maximin）原理。

在图表 2-2 的事例中，无论选择哪个目的地，满足度最低的都是下雨时的情况。因此可以将下雨设定为最糟糕情况，选择下雨时满足度最高的选项，也就是电影院（电影院 30 ＞游乐园 20 ＞海边 10）。

极大极小原理只关注最糟糕情况。因此其实没必要为各种情况配上概率。此外，对最低收益或效用之外的情况，只要可以预测"其收益或效用不低于最低值"就可以了，并不需要判断"其收益或效用具体是多少"。这可以算是极大极小原理的优点，能大幅节省思考的时间和精力。

但关注最糟糕情况也有缺点。担忧最糟糕事态是人类的天性，但在该事态发生概率极低时，依据极大极小原理进行判断可能就过于保守了。

大中取大原理

该原理是指选择在最优（最乐观）状态下能使收益或效用达到最大化的选项。这是使最大收益或效用（max）实现最大化（max），因此被称为大中取大（maximax）原理。

在图表 2-2 的事例中，去海边的最佳状态为晴，满足度是80；去游乐园的最佳状态为阴，满足度是 60；去电影院的最佳状态为晴天或阴天，满足度是 40。因此选择在最优状态下满足度最高的选项，即海边。

当我们希望在短暂的人生被幸运女神所眷顾，打算一局翻盘时，适合使用大中取大原理。它能为我们出于侥幸心理或者为了梦想而做出的选择提供正当理由。按照大中取大原理，买彩票和赌博也都具有合理之处。

极大极小期望效用原理

在概率不止一个，而是存在多种可能时，每个选项的期望效用会得到多个计算结果。因为用多个概率去计算，得出的期待效用一般会各不相同。利用极大极小期望效用原理进行决策，就是用多个概率去计算期望效用，用其中的最小值（最糟糕结果）来评估各个选项。

假设罐子里装有红球和黑球，取出红球可以获得 100 万日元奖金，取出黑球则没有奖金。如果事先知道罐子里的红球和黑球各有 50 个，就可以计算出期望效用为：100 万日元 ×0.5 + 0 日元 ×0.5。但如果不知道罐子里究竟有多少个红球多少个黑球，就只能依靠主观概率来判断取出红球的可能性。如果假设取出红球的概率在 0.2 和 0.8 之间时，最糟糕情况的概率为 0.2，极大极小期望效用为：100 万日元 ×0.2 + 0 日元 ×（1–0.2）。该期望效用要小于黑红球各一半时的效用。利用极大极小期望效用原理进行决策也符合第 1 章（第 21 页）介绍的"回避不确定性"现象。

极大极小期望效用的思维方式常被用来说明现实情况。例如投资者的"本土偏差"就是一个例子。本土偏差是指投资者更偏好本国的金融产品，而不愿意投资国外的金融产品。出现这种倾向是因为，与国外的金融资产相比，投资者更容易获得国内金融资产的投资信息，对投资回报（收益）等的概率分布也拥有更多的知识。因此对信息少、不确定性高的国外金融资产，投资者一般会以最糟糕情况为前提来评估。

极大极小期望效用原理适用于未来不确定的情况。如果不得不在线索极少的情况下决策，也不要停止思考、听天由命，即使多种方法会导致多个推算结果，坚持思考仍然要更好一些。接下来，只要以多个结果中最差的结果为标准判断就好了。

理性选择的基本工具

▶ 面向未来的选择

理性选择需要将选项一一列出，掌握其中的不确定性，依据决策原理进行判断。一般进行决策时，常常需要在多个阶段做出选择，问题结构也很复杂，所以难度会更高。在由于问题过于复杂而往往要凭感觉进行决策的情况下，利用"决策树"进行计算和评估更有助于做出理性选择。美国顶级大学的商学院或管理工程学类专业一直以来都在教授这种思考框架，咨询公司等的专业人士也常会用到它。决策树的通用性很高，在NASA 的相关分析中也是基础的基础。

决策树可以把结构复杂的决策改为可以讨论的水平，根据一定的表达规则将其直观呈现出来。并且它还能计算各选项带来的收益或效用，便于决策者找到最优选项。决策时，无论是想整理自己的思路，还是想加深对方的理解，抑或是想体现相关人员对现实的认识或评价标准，使大家交流差异、达成共识，决策树都可以发挥作用。

图表 2-3 是决策树基本的构成方法。在决策树中，根据"现在"做出的判断，未来的时间轴上会同时出现"需要决策（选择）的事项"或"不确定事项"，向前生出许多分支，构成决策树的路径相当于树枝。所以图表 2-3 的决策树是按照时间轴的方向展开的。

图表 2-3　决策树的基本构成

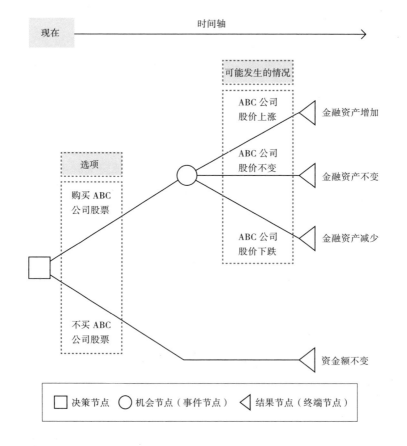

在决策树中，从节点伸出多条树枝。节点有三种，与"需要决策（选择）的事项"对应的是"决策节点"，用方块（□）表示；与"不确定事项"对应的是"机会节点"或"事件节点"，用圆圈（○）表示。这两种节点一般都会伸出分支。决策节点伸出的分支表示各种"选项"，机会节点伸出的分支表示各种"可能会发生的情况"或"可能性"。第三种节点表示归结，称为"结果节点"或"终端节点"，用三角形（△）表示。

要分析的问题不同，节点的数量和联结方式也各有不同。下面继续用图表 2-3 中结构简单的决策树进行说明，它展示了需要决定是否购买 ABC 公司股票时的情景。

图表左侧是决策节点，要在"购买 ABC 公司股票"和"不买 ABC 公司股票"两个选项中选择。如果选择不买，就沿着决策节点向右下方伸出的线到达结果节点。因为没有将资金用来购买股票，因此资金额不增不减，维持原状。

另一方面，如果选择购买 ABC 公司的股票，就沿着决策点向右上方伸出的线达到机会节点。机会节点显示了三种可能发生的情况，分别是购买的股票股价上涨、股价下跌、股价不变。如果股价上涨，就沿着机会节点向右上方伸出的线达到结果节点。股价上涨，股票增值，其结果是金融资产市值增加。股价下跌、股价不变时也是同理。

下面再来看看机会节点。机会节点表示结果不确定且决策者无法控制的事项，这些有可能发生的情况受偶然性左右，或者依赖于其他参与者的判断。

例如，企业 X 正在考虑是否通过降低产品价格来增加销售数量。该企业需要选择降价还是不降价。产品价格降低能否增加销售数量，这取决于生产类似商品的对手企业 Y 的态度。此时企业 Y 继续维持本公司产品价格，还是同企业 X 一样下调产品价格，便构成了机会节点。

控制该节点的，不是决策者企业 X，而是其他参与者企业 Y。作为决策者，企业 X 只能猜测企业 Y 的目的或动机，分析企业 Y 会如何判断，预测其各种行动的概率。在机会节点中画出这些带有概率的分支，可以将其他参与者（企业 Y）也纳入决策者（企业 X）所要决策的问题当中。

机会节点分支不依赖于其他参与者，而是受"偶然"左右时，也是同样的思考过程。可以将偶然看作参与者进行随机选择做出的决定。该参与者被称为"自然"，决策者需要预测自然做出各种选择的概率，画成机会节点，将自然纳入自己所要选择的问题当中。

▶ 不要被过去束缚

决策树可以帮助人们免于陷入常会掉落其中的思维陷阱。下面具体说明。

假设你要去看一场音乐剧，花了 3 000 日元来买门票。整个表演时长 3 小时，但你只看了差不多 1 个小时，就感觉特别无聊，所以考虑要不要中途退场。现在有两个选项，一是继续看下去，二是不再看了直接离场。

这时候我们常会觉得"看一半就离开的话，3 000 日元的门票就浪费了，还是坚持把它看完吧"。但是从经济学角度来看，这并不是一个理性判断。无论继续看还是中途离场，门票钱都同样收不回来（而且已经过去的一个小时时间也收不回来了）。因此，选择继续观看还是中途离场时，不应该考虑门票的问题。

这种无法回收的资金叫作"沉没成本"（sunk cost）。在当前的选择中，理性的做法是忽略沉没成本。所以我们应该着眼未来，考虑剩下的两个小时可以怎样过，或者希望怎样过。也就是说，是继续看表演度过无聊的两个小时，还是中途离场有效利用这两个小时去做其他事情？

下面再看商业中的情况。某家企业在讨论是否要退出某项业务。向该业务投入的资金在中途退出的情况下是无法全部收回来的。无论是继续还是退出都无法回收的投资就是沉没成本。因此，在针对当前问题（＝是否退出）做决定时，不应该受到沉没成本的影响。在判断是否退出时只应该考虑今后的行动可以改变的成本。

有名的协和式超音速客机项目便是由于沉没成本的束缚而导致失败的案例之一。该项目虽然在研发中途就已经被预测到很难在商业上取得成功，但由于已经投入了巨额资金，相关方未能中止项目，而是继续研发并推出定期航班，结果蒙受了更大的损失。由于协和式飞机的这次失败，之后因沉没成本而导致的错误判断也被称作"协和谬误"。

下面通过具体数值来介绍沉没成本。假设某公司计划新开展的研发项目 V 需要投资 40 亿日元，预计收益为 50 亿日元。也就是说，收益预期会比投资额高出 10 亿日元。同时，该公司还有一项进行到一半的项目 W，已经投入 60 亿日元，还需要再追加投资 15 亿日元，但最终只能获得 30 亿日元的收益。也就是说，项目 W 总投资 75 亿日元，收益却只有 30 亿日元，有部分投资是无法收回的。那么，应该优先开展项目 V 和项目 W 中的哪一个呢？

如果有人认为根本不应该考虑项目 W，那么这也是受了沉没成本的影响。既然已经投入项目 W 的 60 亿日元，是现在中止也无法收回的沉没成本，那么在评估该项目时，就应该只考虑今后要投资的 15 亿日元。也就是说，现在投资 15 亿日元，便能获得 30 亿日元的收益，比投资额还要多出 15 亿日元。因此项目 W 的投资效果要高于项目 V，所以要优先开展项目 W。

如上所述，沉没成本是决策时的绊脚石，而决策树则有助于清除这一障碍。下面结合图表 2-4 进行说明。利用决策树将问题模型化，可以帮助人们关注与各决策有关的次级分支（即在时间轴上更靠近将来的分支），更容易排除沉没成本的影响。决策者面对决策树上的某个决策节点时，到达该决策节点之前的经过以及其他所有未实现的分支都处于考虑范围之外，不影响现在的决策。当前的决策必须只考虑从该决策节点分出的选项，之后可能会遇到的分支以及最终可能会到达的结果，而不必担心沉没成本的影响。

图表 2-4　决策者应该向前看

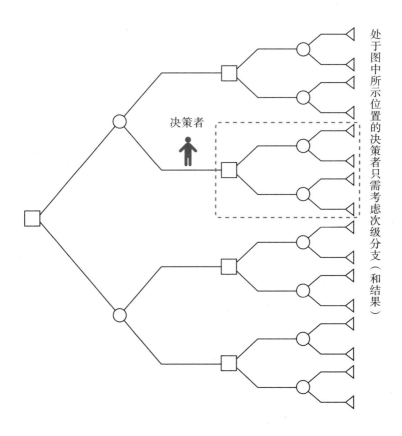

处于图中所示位置的决策者只需考虑次级分支（和结果）

决策者

▶ 研究过程力求尽善尽美

日本企业在进行设备投资或研发投资时，常常不在更大的范围内讨论与将来相关的选项及其风险，而是直接为投资找到理由。即只根据一个基本情景和一组假设值来计算投资回报和获利情况。决策时应该用决策树把握投资结果的波动幅度，根据各种结果的定量评价、发生概率判断是否投资，但大多数企业还不习惯这种方法。而且在判断时综合考虑本公司的风险偏好就更难做到了。

在没有充分理解一系列选项及其结果的不确定性的情况下，投资方案的提出者会忽略或有意无视很多风险因素，力主推行自己的提案。而反对一方如果不去努力使自己的理解程度超过方案提出者，也只能说出一些不负责任的评论，或者变成"形式上的批评"，只是为了将来结果不理想时声明"我当初明明是反对这个方案的"。这种情形导致支持一方和反对一方并没有正面交锋就通过了方案。

在经济高速发展时期，只要投资就能获得相应的回报（收益），因此即使没有经过实质性的讨论，企业可能也很少会受到致命的重创。在这种情况下，也难怪企业决策者没有意识到决策树式思维方式的重要性。虽然使用决策树可能获得更高的收益，但是在利润每年持续增加的经济环境下，人们不愿去做这种麻烦的工作也是情有可原。

但是，那个时代早就结束了。在未来难以预测的经济环境下，决策树的实用性很高，有助于提前筛选和比较各种风险因素和备选方案，并在此基础上进行决策。此外，决策树还有助于按时间顺序把握决策事项和不确定性，供所有决策参与者共享，并展开有建设意义的讨论。

欧美企业在投资时常会用现金流量折现法（Discounted Cash Flow method，DCF 分析）计算净现值。现金流量折现法是金融理论中最基础的思维方式，几乎适用于所有种类的投资，例如电器制造企业的新产品研发投资、制药企业的研发投资、汽车制造企业的产品换代投资、连锁餐厅的增设新店投资等。通过现金流量折现法，可以综合考虑目标市场的规模及发展潜力、投资计划成功的可能性、所需投资额及其不确定性等投资中的潜在收益与风险，将投资评估落实为具体数字。不过现金流量折现法能否发挥作用，取决于有没有经过决策树的思维过程推导结果。没有这一步，现金流量折现法便不过是单纯的数字游戏罢了。

我在 MIT 读研究生时，曾经选修过金融界泰斗斯图尔特·C. 迈尔斯 (Stewart C.Myers) 教授的课，教授在课程初期说过的一番话我至今记忆犹新。大致内容是："现金流量折现法的结果可以按照分析者的希望变成任何数值。也就是说，它可以随着对未来的设想等前提条件的变化而随意改变。但这并不意味着现金流量折现法没有用。相反，它是金融理论的基础，正确使用才最重要。希望大家都可以牢记这一点。"我有一个不一定特别恰当的比喻，比如飞机在得到适当的维护和优秀飞行员的操纵时是方便、安全的交通工具，但如果维护或操纵有误，则有可能酿成大祸。也就是说，无论是现金流量折现法还是飞机，都是"使用方法"最重要。

我从20世纪90年代中期开始在美国的投资银行工作，利用现金流量折现法为很多日本企业提供了方案。但当时日本企业的管理层不太熟悉现金流量折现法这个工具，虽然也有兴趣，但很多时候持否定态度。可能他们认为即使预测出将来的数值也不可能正确，因此怀疑这种方法是否可靠。其实重要的并不是预测数值是否准确，而是通过决策树式讨论对将来或谈判有所准备，但当时他们还没有意识到这一点。

但是现在形势已经变了。从20世纪90年代后半期开始，日本企业和海外企业并购的情况急剧增加，并购的价格和条件都要通过谈判决定。没经过现金流量折现法就去参加谈判，就会被对手当作冤大头。因此应该利用这些经济分析方法事先反复讨论，考虑"前提条件的哪些改变会导致评估结果如何变化""对此应该如何改变谈判条件更有利"等问题，制定灵活的谈判策略。否则在和欧美企业谈判时，就会被迫处于极为不利的境地。因为这些原因，日本企业也开始聘请外资投资银行作为并购顾问，随着交易谈判经验的增加，自然有越来越多的企业开始利用决策树式思维方式进行评估与计算。

事例

2

选择火星探测的
任务形式

接下来以针对火星探测任务的初期讨论内容为例，介绍如何根据决策原理用决策树做出理性选择。该项研究虽然始于 20 世纪 60 年代，但作为体现决策树为决策提供大量有用信息的事例却并不过时。本事例的讨论对象是探测人类从未踏足过的地方这一庞大设想，不过其方法也可以应用于公司全力开展的新项目等方面。

火星探测项目的变迁与成果

◎ 在复杂情况下不断排除和筛选

进入20世纪60年代，NASA开始探讨名为"旅行者计划"（Voyager program）的火星探测项目。当时，将人类送上月球的"阿波罗计划"也正在推进开展之中[①]。NASA在最初阶段的目标是在60年代之内成功发射旅行者号探测器，但由于当时火星大气还有很多未知情况，因此有意见认为很难设计出火星着陆器。此外，还要面对选择及研发具备合适的发射（运载）能力的火箭等课题。最终，NASA决定优先进行阿波罗计划，旅行者探测器的发射计划延期至1971年。

后来，1965年水手4号探测器飞经火星附近进行观测的结果显示，火星大气压要低于之前预测的最低值。因此，火星着陆器需要附带制动火箭，而且必须由运载能力远高于其他火箭的土星5号运载火箭发射升空。由于需要重新设计着陆器，

———————————

① 1969年7月20日，人类通过阿波罗计划首次登上了月球。

再加上火星 5 号要优先阿波罗计划使用，旅行者火星探测器的发射计划只能再次推迟到 1973 年。

虽然预算遭到大幅削减，但 NASA 仍然计划在 1973 年发射第一枚火星探测器，之后到 1979 年之前，每隔一年发射一枚。但遗憾的是，1967 年 NASA 最终还是中止了这一计划。

后来，火星探测项目改名为"海盗计划"（Viking program）复活。与之前的旅行者计划相比，海盗计划更简单，成本更低，发射时使用的大力神 3 号 E 运载火箭推动力和搭载能力也小于当初计划使用的火星 5 号。1975 年发射的"海盗 1 号""海盗 2 号"于 1976 年成功登陆火星。而当初的"旅行者计划"这一名称后来被用于太阳系外行星及外太阳系空间探测项目。1977 年，"旅行者 1 号""旅行者 2 号"带着人类发送给外星智慧生命的信息发射升空，可能很多读者也曾听说过。

就这样，火星探测项目的实施过程时进时退，充满艰难曲折。换个角度来看，也可以说这是在不断变化的前提条件（预算、火星相关信息、所需着陆器规格、可以使用的运载火箭、技术研发动向、最初的计划升空时间等）下，达到最优化的过程。如何在前提条件的框架内寻求最优化，也是商业上需要解决的课题。

◉ 来自民营企业的决策方法

NASA 在讨论旅行者火星探测计划的过程中，曾多次通过招标选择负责计划设计相关调研工作的企业。每次招标都会选定几家公司，其中包括美国通用电气公司。20世纪60年代中期以后，NASA还曾开展关于火星探测器候选设计概念的设计竞赛，GE公司也参加了比稿。为了研究制定太空项目计划的新方法，该公司在1966年与斯坦福研究院签署了合作协议。

本事例选取GE公司与斯坦福研究院合作实施的调查研究，并对其设定做了简化处理。由于1967年旅行者计划预算中止，前面提到的设计竞赛并没有进行到最终阶段，但该事例为我们学习应用范围极广的决策方法提供了好材料。可能会有读者担心这么早的事例已经失去了实用价值，但其实最先进（最新）的管理方法并不一定比原有方法更优秀。很多新方法解决的不过是末端问题而已，而那些"跨越时代一直使用的方法"才是真正的关键。

这里介绍的决策方法后来在NASA（及受NASA委托的调查研究机构）得到了广泛应用。商业领域也同样可以在制定业务战略、投放新产品、试点项目立案等各种场合实现决策最优化。

如何选择最优的探测形式

◎ 问题的整体构造

　　美国将有限的预算分配给各太空项目。太空项目包含许多分类，行星探测这一分类所能获得的预算也是有限的。既然预算有限，就必须找到最高效的实施方法。为此需要在大量需要决定的事项中做出整体上的最优判断。此处为了简化问题，只重点关注火箭和探测器的性能和设计以及整个任务的设计。

　　为了俯瞰问题的整体，我们先列举出主要的决策项目。无论是商业领域里还是日常生活中，决策时需要考虑的（部分）因素之间存在矛盾关系（即一方成立另一方就无法成立）。读者也可以将本事例中的问题结构与自己面临的选择互相对照，找出相似点和不同点，从而在更广阔的范围应用本事例体现的方法。

选在什么时机发射？

受到火箭和探测器的性能、燃料、需要运送到火星的设备重量等因素的制约，飞向火星的航程必须最大限度利用地球与火星自身的运转速度。要做到这一点，可以使探测器沿着"霍曼轨道"飞行，但由于地球与火星的位置关系，"霍曼轨道"并非随时都可以利用，大约每两年才会有一次机会。因此火星探测器的发射机会也是大约两年一次，在设定发射时期时必须考虑到这一点。从飞行时间最短这一点考虑的话，霍曼轨道不一定就是最优航路，利用霍曼轨道从地球到达火星大约要花费九个月的时间。也就是说，为了优先其他更重要的因素（前面提到的各种制约），时间上必须做出牺牲。

使用何种运载能力的火箭？

为了将任务所需设备运到火星，运载火箭在性能及大小上要符合一定的要求。而另一方面，火箭规格过大会在成本方面带来不利影响。因此如果有符合要求的现成火箭，就需要讨论是否可以使用，如果没有就要讨论是否应该重新研发。

每次发射几枚火箭？

由于每两年只有一次发射机会，所以不必限定每次只发射一枚运载火箭。实际上，1975 年发射了两枚火箭，第一枚在 8 月 20 日搭载海盗 1 号升空，第二枚在 9 月 9 日搭载海盗 2 号升空。

探测到哪个级别？

行星探测可以采用多种形态，其技术难度和期望取得的科学成果各不相同。20 世纪 60 年代时已经成功的接近火星并从其近旁经过的飞越（Fly-by）是最简单的形式。比飞越更复杂的形式如图表 2-5 所示可以分为几种不同级别。设计任务时，需要确定目标是实现哪个级别的探测形式。

图表 2-5　行星探测形式的不同级别

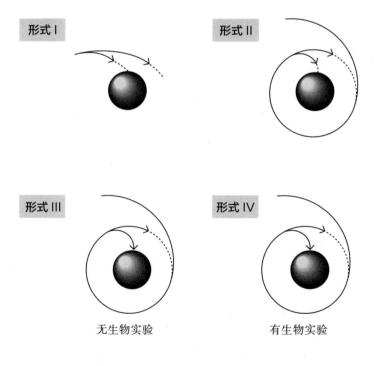

形式 I

探测器接近火星，探测仪器分离进入火星大气层。探测仪器收集火星高层大气的观测数据后，最终撞到地表，裂成碎片。

形式 II

探测器进入环火星轨道后成为轨道飞行器，之后探测仪器分离进入火星大气层。探测仪器在下落过程中收集从高层大气到地表的观测数据，最后撞到地表，裂成碎片。

形式 III

探测器成为轨道飞行器后，着陆器分离进入火星大气层。着陆器收集下落过程及着陆后的观测数据以及与火星地表特征相关的实验数据。

形式 IV

探测器成为轨道飞行器后，着陆器分离进入火星大气层。着陆器收集下落过程及着陆后的观测数据、与火星地表特征相关的实验数据以及与生命体检测相关的实验数据。

运载火箭是否搭载备用探测器？

要尽可能提高设备性能，必然会使探测器又大又重。这种情况下，每枚运载火箭只能搭载一架探测器。不过也可以选择牺牲部分性能来减少探测器的体积和重量，在一枚运载火箭上搭载两架探测器，以防其中一架发生故障。

每架探测器搭载几架着陆器？

每架探测器运到火星的着陆器（探测仪器也视为着陆器的一种）不一定只有一架。综合考虑着陆目的、重量及体积的制约、成本、燃料、失败风险等因素，也可能搭载多架着陆器更合理。

轨道飞行器与着陆器何时达到最大性能？

计划多次开展探测任务时，虽然可以在第一次任务时就将轨道飞行器或着陆器的性能提升到最大，但由于初次任务失败风险相对较高，也可以随着任务的开展，分阶段地提高轨道飞行器等的性能。如果选择后者逐渐提高性能，就需要确定提高性能的具体步骤，这和探测形式的级别相对应。

◉ 目标及其实现过程

要在有限的预算下实现最佳效果，必须对以上各项目从整体上做出最优判断。为了简化说明，假设以下内容为旅行者计划 [1] 的已知条件。

---

[1]　由于本事例发生在 1967 年计划预算中止之前，因此在叙述时仍使用"旅行者计划"的名称，而非"海盗计划"。

·首次发射定于 1973 年

·使用的运载火箭为火星 5 号

·每次发射一枚运载火箭

·每枚运载火箭搭载一架探测器

·每架探测器搭载一架着陆器

·轨道飞行器的设计为在第一次任务时达到最大性能

根据这些已知条件，剩下还需要选择"最终目标确定的探测形式级别（形式 I ~ IV）"和"为实现目标而提高着陆器性能的具体步骤"。例如，如果最终目标为形式 III，可以在首次任务时尝试以形式 III 进行探测，也可以在首次任务时实行形式 II 的探测，下次任务再进行形式 III 的探测，还可以按照从形式 I、形式 II 到形式 III 的顺序逐渐提高探测级别。

逐渐提高形式级别，既有经济方面的原因，也有技术层面的考量。由于在执行任务前关于火星的信息比较少，任务的不确定性极高，因此即使首次任务投入高性能、高成本的着陆器，可能也只能完成部分任务。相比之下，在执行任务的过程中积累相关信息，一点点增加成本来提高级别的做法可能在经济上更合理。技术方面也是，用前期积累的信息来提高着陆器的设计性能可能会更稳妥。逐渐提高级别的做法与第 4 章介绍的选择思维也有相通之处。

商业领域中也常会遇到类似情况。例如企业向市场投放新产品时，可以先在特定地区进行试卖，再根据其结果在全国范围内销售。在正式开展业务之前，先进行试验性尝试，利用获得的信息再修改之后的战略会带来更高经济价值。

用决策树整理和解决问题

▶ 揭示问题的结构

为了进一步简化问题，用比较简洁的图表进行说明，我们假设最多只执行两次任务。另外，假设最终要完成的目标是形式 II（即忽视形式 III 与形式 IV），在连续执行任务的过程中，形式级别不能下降（即不能在形式 II 之后执行形式 I），这些假设不会对问题的本质产生影响。最终可以选择的选项共有三种，如图表 2-6 所示。

此外，有一项太空任务所特有的因素会使决策更加困难，即任务前置时间（lead time）的长短。实行探测任务之前，需要花费很多时间来进行必要的技术研发等工作。假设本事例前置时间为 3 年。例如与计划 1973 年执行首次探测任务相关的决策必须在 1970 年做出。此外，1973 年探测器发射升空，1974 年尝试火星着陆，这些任务无论成功与否，都可以获得珍贵的信息。但这些信息却无法用于 1975 年的第二次探测任务，因为第二次探测任务需要在 1972 年就做出选择和判断。

图表 2-6   实行任务的三个选项

		任务	
		第一次	第二次
选项	1	形态 I	形态 I
	2	形态 I	形态 II
	3	形态 II	形态 II

下面让我们来看一看决策树，其基本结构如图表 2-7 所示。对于类似无法在头脑中靠想象解决的高难度问题，沿着图表一步步看下去便能了解全貌。

在决策树最左端的决策节点Ⓐ，需要决定 1973 年首次任务采用形式 I 还是形式 II。选择形式 II 的话，接下来会来到决策节点Ⓑ。Ⓑ处需要选择第二次任务的形式，由于第一次任务是形式 II，第二次任务没有形式 I 的选项，所以只能选择形式 II。

在Ⓑ处选择后，1973 年首次发射，到 1974 年可以得知任务成功与否。此处在机会节点ⓐ分出成功与失败两条分支（第一次任务的成功或失败分别记为"成功（1）"或"失败

（1）"，第二次则记为"成功（2）"或"失败（2）"），成功（1）的情况意味着最终目标形式Ⅱ已经实现，任务结束，直接到达结果节点γ。而失败（1）则意味着需要经过1975年第二次发射，到1976年得知任务成功与否。此处在机会节点

图表 2-7　决策树的基本结构

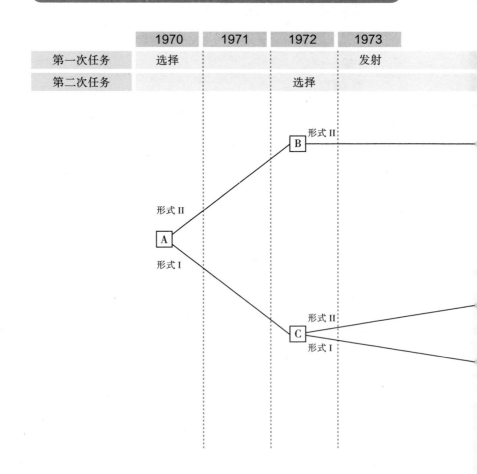

ⓓ分出成功（2）与失败（2）两条分支。由于一共实行两次任务，因此无论成功还是失败，任务都是至此结束。

在决策节点 A 处选择了形式 I 的话，接下来就要在决策节点ⓒ决定要升级为形式 II 还是继续采用形式 I。之后的机会节

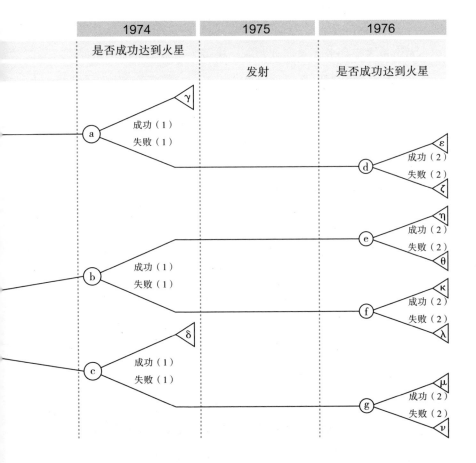

点与ⓐⓓ的思考过程相同。

经过上述决策节点与机会节点的分支，最终共会出现 10 个结果节点（γ、δ、ε……ν）。

掌握决策树的结构之后，下一步就是将选择所需的信息填入决策树中。

● 标注成本、概率与价值

无论是太空任务还是商业领域，决策（从多个选项中选择一个）时都必须掌握以下三种信息。

1. 各选项所需成本
2. 各选项最终所能获得的价值
3. 选择导致事件发生的概率

将这些信息填到图表 2-7，就可以得到图表 2-8。可能有不少读者会认为，这些信息一般很难得到或者通过分析推导，因此无法在实际工作中使用决策树。后文会介绍推算成本、价值以及概率的注意事项，大家可以参考。本事例中使用的均为虚拟数字，而且为了简化而忽略了发射费用。

我们以决策树中 A-C-ⓑ-ⓒ-η 这条路径为例进行说明。首先，在决策节点 A 处，第一次任务选择采用形式 I，探测器的研发及其他费用共需 8 亿美元。接下来在决策节点 C 的第二次任务选择采用形式 II，同样也会产生 6.6 亿美元费用。ⓑ处是第一次任务成败的分歧点，成功的概率是 0.90，如果成功可获得 12.03 亿美元价值。ⓒ处是第二次任务成败的分歧点，成功的概率是 0.75，如果成功可以在第一次成功的基础上额外获得 17.97 亿美元价值。也就是说，两次任务总计可以获利 30 亿美元（=12.03 亿 +17.97 亿）。

这条路径的内容可总结如下：花 14.6 亿美元（=8 亿 +6.6 亿）成本，有可能实现 30 亿美元的价值，其中净现值（价值减去成本）为 15.4 亿美元，其概率为 0.675（=0.90×0.75）。

这样一来，就完成了输入信息。剩下的工作是确定判断选项优劣的标准，利用输入信息进行计算，依据计算结果做出选择。

▶ 确定方针，由结果逆推

按照决策树进行选择，需要确定合理的标准。NASA 一般被定位为风险中立型决策者，这种情况下，使用期望值理论进行决策方便又有效。期望值理论需要先计算出各选项能带来的净现值期望值，从中选择期望值最大的选项，从而实现最优化。

利用决策树计算和选择时可以使用回溯推理方法，从结果处开始，沿着决策树的路径逆推。图表 2–9 解释了为什么要逆推。

图表 2-8 在决策树中加入相关信息

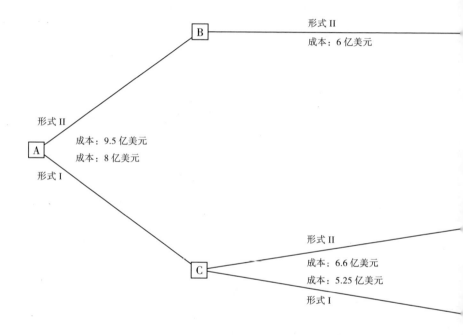

　　图表中的小人面临着向左走还是向右走的选择。图表 2-9
（1）中，向左走可以得到 50 万日元，向右走可以得到 100 万
日元，因此选择向右走就可以了。这个情景中，选择（向左还

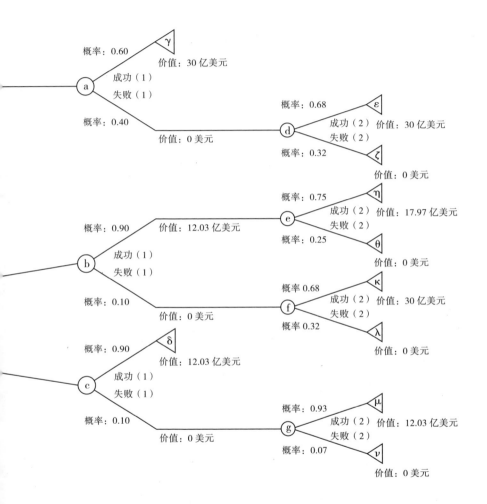

是向右）的结果（50 万日元还是 100 万日元）一目了然，可以直接选择。

　　在图表 2-9（2）中，向左走仍然可以获得 50 万日元，但

图表 2-9 为什么要从结果逆向预测？

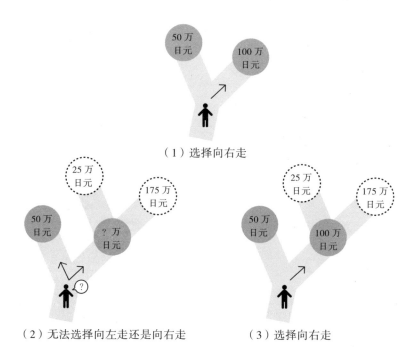

（1）选择向右走

（2）无法选择向左走还是向右走　　　　　（3）选择向右走

是向右走需要再次面临选择，选择的结果未知。这种情况下无法做出理性判断，必须事先了解向右走后会遇到的分岔点的情况。

在这个分岔点，向左走可以获得 25 万日元，向右走可以获得 175 万日元，期望值为 100 万日元。如图表 2-9（3）所示，现在的选择是向左走可以获得 50 万日元，向右走可以获得 100 万日元（期望值），因此结论是向右走为最优解。如上所述，看清楚将来的情况才能对现在做出判断。

图表 2-10 的决策树体现了净现值期望值的计算方法及根据计算结果进行选择的过程。首先看决策树右下方的ⓔ，有 0.93 的概率成功，获得 12.03 亿美元的价值，同时还有 0.07 的概率一无所获。因此，ⓔ的价值期望值就是 11.19 亿美元（=12.03×0.93+0×0.07）。

接下来再回过头来看ⓒ，有 0.90 的概率成功，获得 12.03 亿美元的价值，也有 0.10 的概率失败。在ⓒ处失败不会产生任何价值，但在之后的ⓔ处存在 11.19 亿美元的期望值。因此ⓒ处的价值期望值是 11.95 亿美元（=12.03×0.90+11.19×0.10）。

继续向前逆推到 C。在 C 处选择形式 I，会产生 5.25 亿美元的成本，但可以在ⓒ处获得 11.95 亿美元的价值期望。也就是说，净现值期望值为 6.7 亿美元（=11.95-5.25）[①]。

用同样方法计算ⓖ、ⓕ、ⓗ处，可以得出 C 处选择形式 II 的净现值期望值为 18.4 亿美元（=25-6.6），大于在Ⓒ处选择形式 I 的 6.7 亿美元。因此可以判断出在Ⓒ处选择形式 II 是最优选择，以这个选择为前提，决策树中Ⓒ处净现值期望值为 18.4 亿美元。

用同样的方法对Ⓑ处进行计算，最终再逆推到Ⓐ。在Ⓐ处，选择形式 I 的净现值期望值为 10.4 亿美元（=18.4-8），选择形式 II 时的净现值期望值为 10.66 亿美元（=20.16-9.5），因此判断形式 II 是最优选择。在Ⓐ处选择形式 II 后到达Ⓑ处，Ⓑ

---

① 图表 2-10 中并没有出现 6.7 亿这个数字。原因请参考后文。

处只有形式 II 的选项，因此可以得出结论，最优选项是第一次任务和第二次任务都采用形式 II，净现值期望值为 10.66 亿美元。在本事例的条件下，与分阶段提高形式级别相比，从第一次任务时起就挑战最终目标形式 II 的做法更为有利。

图表 2-10　利用回溯推理方法进行选择

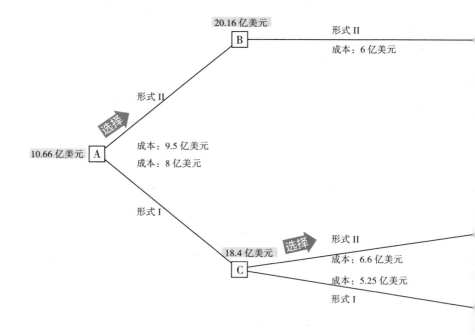

从结论开始向前逆推

在前面的内容中，我们假设成本、价值以及概率的相关信息都是事先给定的。要提高结果的可靠性，必须提高这些信息的精确度。下一节就来介绍如何根据逻辑关系推导这些信息。

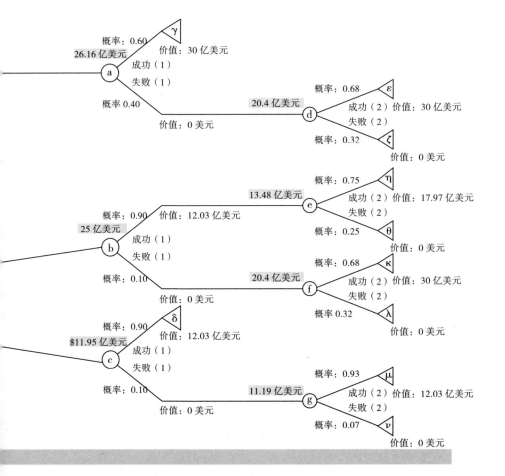

提高成本与概率预测值的准确度

● 与先例保持连贯性

无论是成本还是概率，都很难轻易预测出来。必须积累足够的依据，才能做到"预测恰当，结果精确"。很多情况下的预测明显不恰当。例如，多个预测值之间需要保持某种连贯性，必须避免出现不符合这个条件的情况。

例如形式 II 的成本。对比第一次任务直接采用形式 II 的情况和第一次任务采用形式 I、第二次任务采用形式 II 的情况，虽然都是形式 II，但其成本却并不一样。因为在第二次任务采用形式 II，便有可能根据之前采用形式 I 的经验，降低仪器设备的研发及制造成本，或者通过改进操作方式等削减成本。图表 2-8 也体现了这一点。A 处选择形式 II 的成本为 9.5 亿美元，而在 C 处选择形式 II 的成本则变成了 6.6 亿美元。

概率也同样。例如两次任务均采用形式 I 的情况，第二次任务采用形式 I 说明第一次采用形式 I 没有成功。根据第一次失败的经验教训，第二次任务采用形式 I 的成功概率应该变得更高一些。在图表 2-8 中，ⓔ处的成功概率为 0.93，高于ⓒ处 0.90 的成功概率。

◉ 预测成本的三种方法

商业领域也和太空任务一样，预测成本非常重要却又很难。太空任务准备周期很长，必须要考虑到期间内会发生的技术进步和经济情况的变动。而且太空任务常需要进行划时代的新技术研发，适用于之前技术的成本预测方法几乎没有参考价值，因此从本质上而言是极难预测成本的。可即便如此，NASA 经过反复摸索尝试，仍然总结出以下三种预测成本的方法。这三种方法都可以应用于商业项目当中。

（1）自下而上估算成本

该方法是将任务分解为多个小项目，将各个小项目的成本相加，再加上原材料和间接成本等。建筑行业常使用这种方法。太空任务在初期阶段往往无法确定最终设计，因此有时用起来比较困难。

（2）依据重要变量估算成本

该方法通过分析过去的数据，找出与任务成本关系最密切的重要变量。以硬件成本为例，重要变量包括重量、尺寸、耗电量等代表性能的各种指标。这些变量的改变会给成本带来明显的变化。如果能预测出成本的增减方式，便可以用来估算新硬件的成本。

这种方法的优点是可以相对简单地利用 What-If 分析法（假设分析法），了解在影响任务成本的变量之中，哪个变量的哪种程度的变化会导致成本如何改变。

（3）通过类推估算成本

由于信息不足而难以使用前两个方法时，还可以根据过去进行类推。该方法是根据数量、尺寸、重量、功能或性能、复杂性、持续时间等属性找到过去的类似任务，以其成本为标准，针对二者在设计或技术上的差异进行调整。NASA 也曾经利用阿波罗计划和海盗计划的数据，来推算之后的月球探测的成本。

类推方法不仅适用于整个任务，也可以用于预测部分成本。即使是全新的任务，也常有一些部分利用了过去的成功设计或技术，因此这个方法的应用范围极广。

虽然判断是否类似、如何调整成本等方面免不了会受到一些主观性的影响，不过也可以通过一些方法提高判断标准的严密性以及判断的可再现性。

判断是否类似时，首先可以选择能够体现任务特征的几个属性，最好是在任务初期就可以对比的属性。接下来依据这些属性来定义衡量任务之间"相近程度"的标准，定量评估是否类似。本节不对成本的调整方法做深入说明，不过从结论来看，可以通过构建"新任务的成本 = 属性函数 × 类似任务的成本"的关系，即"要求出的成本 = 修正项 × 参考成本"，从而对过去的成本进行增减调整。

◐ 预测概率的三种途径

如何预测探测人类未至之境的任务的概率呢？第 1 章中提到过概率的预测方法，我们可以一边做复习一边说明。

预测概率的基本方法是流程分解。将地球到火星的航程分解为几个过程，分别预测每段过程的概率。例如，预测形式 II 的成功概率，可以将整个任务分解为"发射—进入预定轨道—巡航—进入环火星轨道—探测仪器分离—探测仪器下落及观测"，预测各个过程的成功概率。

预测各个过程的成功概率，可以根据现有数据进行判断。此时大体上有三种途径，主要依靠主观概率。

（1）计算客观概率

如果现有数据较多，可以计算客观概率。例如，如果知道将一枚不平整的硬币抛向空中一百万次的试验结果，就可以预测出"下一次抛掷硬币时正面朝上的概率"，这就是客观概率。但是不用说，太空任务中能够使用客观概率的情况非常有限。

（2）使用主观概率

第一次抛掷一枚不平整的硬币时，只能根据硬币的弯曲程度、过去的经验或假设进行主观判断，推算出正面朝上的概率。也有些情况可以根据弯曲程度等构建物理模型来推算概率。探测器进入火星大气层并在地表着陆是人类历史上的首次尝试，其成功概率主要是作为主观概率来预测的。

（3）新增信息与主观概率相结合

假如能有几次机会抛掷不平整的硬币并获得结果数据，便可以将这些数据与经验、假设等结合起来确定主观概率。即使只能抛掷一次，其结果也极为珍贵。就太空任务而言，这种方法适用于能够通过次数有限的实验中获取数据的情况。

利用贝叶斯定理可以将获取的信息与经验或假设结合起来，下面大致介绍其过程。

首先，仔细观察不平整的硬币，对照过去经验，预测出正面朝上的概率 p 的大致分布范围。正面朝上的概率 p 介于 0 和 1 之间，可能是 0.3 或 0.9，也可能是其他数值。通过仔细观察其弯曲程度，很多时候能判断正面比较容易朝上还是背面比较容易朝上，就可以预测出 $p > 0.5$ 的可能性更高还是 $p < 0.5$ 的可能性更高。如果完全无法做出判断，也可以假设 $p=0.5$ 的可能性更高。

此处假设 $p=0.6$ 的可能性最大，p 的分布曲线在 0.6 处最高，呈山形。一般而言，分布曲线如图 2-11（a）所示。可能很多读者认为曲线分布很难绘制。但如果以此为借口放弃分析，就永远无法进步。我们必须尽可能想办法绘制。例如，如果数据集中在中央地区，没有离群值，可以先绘制"三角分布"打开思路。

图表 2-11（b）为三角分布。只要能够确定最小值、最大值、众数（最容易出现的值）这三点就可以绘制三角分布图。图表 2-11（b）中，假设最小值为 0.1，最大值为 0.9，众数为 0.6。假设三角形面积为 1，则可以确定顶点处的值为 2.5〔=2/（0.9-0.1）〕[①]。也就是说，只要尽力预测出数值的波动幅度（最小值与最大值）和众数就可以了。

以上是主观概率的应用方法，接下来介绍如何将新增信息与主观概率结合起来。假设将一枚不平整的硬币抛掷 5 次，结果为"出现 4 次正面朝上后，出现 1 次背面朝上"。正面朝上的概率为 p 时，"出现 4 次正面朝上后，出现 1 次背面朝上"的概率就是 $p^4 \times$（$1-p$）。当 $p=0.8$ 时，该函数曲线达到顶点〔图表 2-11（c）〕。将该函数与图表 2-11（b）的分布相乘，可以得到图表 2-11(d)。图表 2-11(d) 的曲线顶点在 $p \fallingdotseq 0.63$ 处。

图表 2-11（d）是综合考虑投掷硬币前所预测的概率分布情况〔图表 2-11（b）〕和"投掷 5 次硬币，前 4 次正面朝上，最后 1 次背面朝上"这一实验数据的函数〔图表 2-11（c）〕之后得出的结果。将"投掷硬币前的经验或预测"与"实际

---

① 规定三角形面积为 1，顶点值 2.5 相当于众数的概率密度。

投掷硬币获得的新增信息"的一致程度定义为"似然",图表
2-11（d）体现了 p 的取值与似然之间的关系。此图表中，似
然值"最大"时，$p \fallingdotseq 0.63$，这就是将正面朝上的主观概率设
定为 0.63 的根据。

图表 2-11　利用"似然"求主观概率

"正面朝上的概率 p"的概率分布

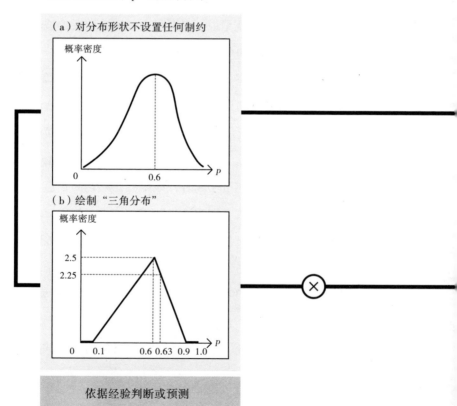

（a）对分布形状不设置任何制约

（b）绘制"三角分布"

依据经验判断或预测

　　这种方法称作"最大后验概率估算法"（Maximum A Posteriori estimation，MAP 估算法），是贝叶斯推理的近似解法。它以似然作为切入口，通过逆运算求解，其思维方式的核心是贝叶斯定理。贝叶斯定理是推算概率的有力武器，值得我们熟练掌握。

■■■■■■（与下图过程相同，省略）

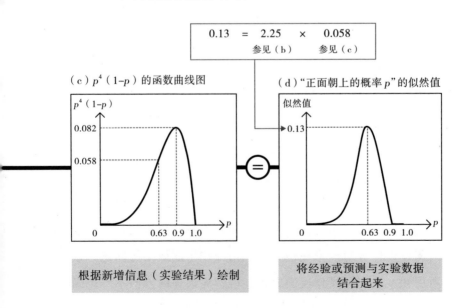

$$0.13 = 2.25 \times 0.058$$

参见（b）　　参见（c）

（c）$p^4(1-p)$ 的函数曲线图

（d）"正面朝上的概率 p"的似然值

根据新增信息（实验结果）绘制

将经验或预测与实验数据结合起来

预测价值

⏵ **并非所有价值都能预测出绝对数额**

太空任务的价值是什么？应该如何估算呢？NASA 每开展一项新的太空任务，都必须对外说明其价值。例如，阿波罗计划为了获得约 250 亿美元预算，必须向总统和议会说明执行这项计划的价值。

金融理论中有些方法可以用来计算业务价值。其基本思路是预测该业务将来能够产出的现金流，并计算其现值。但是，利用现金流计算处于初期阶段的项目（例如制药公司的基础研究）价值并不容易，此外，在现值方面得出"能在公司内部形成共识"或者"可以作为对外谈判的基础信息"等可靠性较高的结果，需要具备极高的专业技能。

太空任务的价值中也有一部分可以推算现值，但大部分不能这样处理。因为其中包含如何评价科学成果的价值，如何衡量该任务对国家威信、国民精神产生的效果等问题。众所周知，从实际操作层面来讲，科学成果等的价值不可能确

定为一个固定数值（如 300 亿美元等）。在商业领域也同样，
项目对公司的社会使命和员工士气的影响等都无法通过计算
现值来定量评价。

　　并非所有价值都能预测出绝对数额，但这并不意味着我们
无法在决策树中标出价值，下面就介绍一种解决方法。这种方
法可能并不完美，但重要的是借此能够推进解决问题。

◉ 用价值分解打开局面

　　虽然有很多价值无法求出绝对数额，但一般都可以分解成
不同部分。首先找到构成任务价值的因素，然后将总点数 1.0
（或 100 点等任意数值）分配给各个因素。这个方法可以叫作
"点数分配法"。

　　图表 2-12 为旅行者计划的整体价值构成。假设其价值主
要由科学进步、应用可能性、美国社会舆论、全球评价这四个
因素构成。将总点数 1.0 分配给这四个因素的点数分别为 0.60、
0.25、0.10、0.05。

　　下一步，将再"科学进步"分解为生命科学和自然科学两
个领域，估算得出其比例为 7∶3。如此一来，生命科学领域
的进步在整体价值 1.0 中占 0.42（=0.60×0.7）。接着再将 0.42
分配给各个形式。因为只有形式 IV 涉及生命探测，所以生命
科学领域的大部分进步是通过形式 IV 实现的，图表 2-12 将
70% 分给了形式 IV。因此，形式 IV 对生命科学进步的贡献度

图表 2-12 利用点数分配法计算价值构成

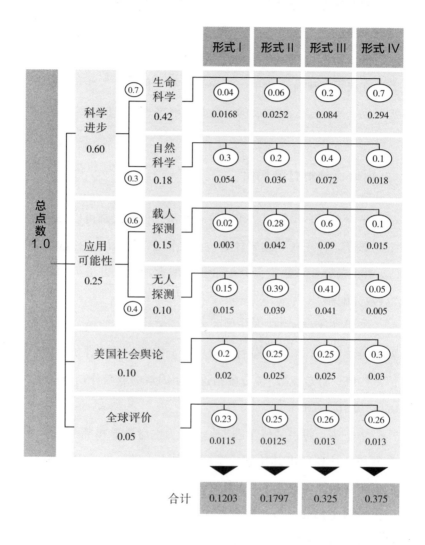

在整体中占 0.294（=0.42×0.7）。科学进步的其他比例分配如图表 2-12 所示。此外，应用可能性、美国社会舆论、全球评价的分配方法也相同。

最后可以计算出各形式对整体价值的贡献比例。以形式 I 为例，它对生命科学进步的贡献度为 0.0168，对自然科学进步的贡献度为 0.054，对载人探测应用的贡献度为 0.003，对无人探测应用的贡献度为 0.015，对美国社会舆论的贡献度为 0.02，对全球评价的贡献度为 0.0115，这 6 项因素合计为 0.1203。也就是说，如果形式 I 成功，便可以实现整体价值的 12%。利用同样的方法可以计算出形式 II 约占整体价值的 18%，这是在形式 I 基础上超出的部分，所以形式 II 成功可以实现整体价值的 30%（=12%+18%）。形式 III 和形式 IV 也同理。

价值工程（Value Engineering，VE）中常会用到点数分配法，它是 GE 公司 1974 年在价值分析法（Value Analysis，VA）的基础上开发的。例如，在研发新产品时，为了定量把握各种产品特征的相对重要性，可以请多位评估者依据各自判断将点数分配给各产品特征，再计算其平均值。计算得出的相对重要性可以作为确定目标成本的依据。例如，针对一些旨在提高各产品性能的零部件，可以用这种方法来设定其成本上限。

在旅行者计划中，最终还需要将总点数 1.0 换算成价值。图表 2-8 及图表 2-10 假设计划的总价值 100 亿美元。因此，形式 I 的价值是 12.03 亿美元（0.1203×100）。但如果无法确定类似100亿美元等固定数值，决策树就无法得出结论的话，这种方法用起来还是比较麻烦的。所以下一节会介绍，如何用敏感性分析解决这一问题。

允许预测出现误差

◉ 价值与最优解的关系

在假设旅行者计划的总价值为 100 亿美元的情况下，如图表 2-10 所示，最优解是两次任务均选择形式 II。但如果价值不是 100 亿美元，结论又会发生怎样的变化呢？假设价值可能上下浮动 10%，即 90 亿到 110 亿美元之间的话会怎样呢？如果最优解没有发生变化，说明项目价值的变动不会对结论产生影响。也就是说，预测的价值在该范围内出现偏差也没关系。

确认这一点虽然有些麻烦，但并不难。只要改变决策树中价值的赋值，重复进行图表 2-10 的计算过程就可以了。将计划总价值设定为 110 亿美元，形式 I 的价值由 12.03 亿美元变为 13.23 亿美元（=0.1203×110），形式 II 增加的价值由 17.97 亿美元变为 19.77 亿美元（=0.1797×110）。此时的最优解仍然同之前一样，为"两次任务均采用形式 II"。

按照同样的方法继续分析，可以发现当总价值减少至 77.37 亿美元时，最优解会发生改变。也就是说，当总价值低于 77.37 亿美元时，最优解为"第一次任务采用形式 I，第二次任务采用形式 II"，当总价值超过 77.37 亿美元时，最优解为"两次任务均选择形式 II"。这表明，为了确定最优解是不是"两次任务均采用形式 II"，只需要验证总价值是否超过 77.37 亿美元，至于具体是 90 亿美元还是 110 亿美元，结论都不会有什么差别。

面对全新问题预测价值，其结果很有可能会存在相当程度的误差，我们应该有这样的思想准备。但如果误差不至于影响最终结果，便可以忽略不计。了解这一点，可以显著提高分析的效率。

● 考虑减少不确定性的成本

决策树分析时输入的成本、概率、总价值及其分配比例等信息都不一定预测得十分精确。因此，它们都是敏感性分析的对象。正如前文介绍的整体价值一样，这些因素是不确定的，因此可以为其划定一个范围。只要预测值在这个范围内的变化不会改变最优解，就可以忽略其不确定性。如果最优解会随之改变，就要减少不确定性，首先要确定减少不确定性能产生多大效果。减少不确定性需要花费成本，因此要在考虑成本的基础上，验证减少不确定性所能产生的效果能否超过该成本。

另外，还应该随着任务的进程更新信息。技术研发的进步、经济形式、政治局势、未来太空计划的细化等，都有助于提高预测成本、概率、价值等信息的精确度。决定是否实施任务时，必须根据最新信息适当修正前提条件，不受过去决定的干扰重新推导出最优解。

从风险的角度排除不利选项

◐ 考虑数据的波动

本事例主要是根据期望值理论进行分析，下面再补充介绍一下考虑"价值与成本的波动"时，结论会如何变化。与NASA 不同，商业领域的参与者通常属于风险回避型，因此数据的波动对其选择判断十分重要。

首先要定量评估波动程度。在图表 2–10 中，两次任务均采用形式 II 时，净现值的期望值为 10.66 亿美元。这个数值其实是将 3 种情况的波动整合之后得出的结果。第一种情况是第一次任务采用形式 II 并取得成功（情况 1）；第二种情况是第一次任务采用形式 II 失败后，第二次任务取得成功（情况 2）；最后一种情况是两次任务均采用形式 II，但都失败了（情况 3）。下面以情况 2 为例，说明其具体计算过程。

情况 2 对应图表 2–10 中Ⓐ–Ⓑ–ⓐ–ⓓ–ε 这条路径。将这条路径上的数字组合后可知，花费成本为 15.5 亿美元（=9.5+6），可获得价值为 30 亿美元，净现值为 14.5 亿美元

（=30-15.5）。这条路径的发生概率为 0.272（=0.40×0.68）。用
同样的方法计算情况 1 与情况 3，结果如图表 2-13（上半部分）
所示。

从图表 2-13 可知，当两次任务都选择形式 II 时，净现
值降为负数的可能性为 12.8%。因为情况 3 中净现值为负数
（-15.5 美元），其发生概率为 0.128。为了方便对比，图表

图表 2-13　构成期望值的数据离散情况

任务		成败组合	发生概率	净现值	净现值的期望值
第 1 次	第 2 次				
形式 II	形式 II	情况 1：成 - 成	0.60	14.5 亿美元	10.66 亿美元
		情况 2：败 - 成	0.272	14.5 亿美元	
		情况 3：败 - 败	0.128	-15.5 亿美元	
形式 I	形式 II	情况 4：成 - 成	0.675	15.4 亿美元	10.4 亿美元
		情况 5：成 - 败	0.225	-2.57 亿美元	
		情况 6：败 - 成	0.068	15.4 亿美元	
		情况 7：败 - 败	0.032	-14.6 亿美元	

注：情况 1 中成败组合情况为"成 - 成"，但实际上第一次任务采用形式 II 获得成功，
因此第二次任务（形式 II）并未实施。

2–13 中还列出了"第一次任务采用形式 I，第二次任务采用形式 II"的计算结果。此条件下分为 4 种情况，其中 2 种的净现值为负数。

◐ 考虑风险偏好

本节继续参考图表 2–13，考虑如何做出最优选择。两次任务都采用形式 II 时，净现值的期望值要高于第一次任务采用形式 I、第二次任务采用形式 II（10.66 亿美元＞ 10.4 亿美元）。因此，将期望值作为判断标准的话应该选择前者。

不过如果以抱负水平原理为判断标准的话，情况又会如何呢？如果将抱负水平设定为"净现值不为负数"，前者（形式 II×2 次）满足该抱负水平的概率为 0.872（=0.60+0.272），后者（形式 I→形式 II）满足该抱负水平的概率为 0.743（=0.675+0.068），仍然要选择前者。而如果将抱负水平设定为"净现值不低于 –3 亿美元"，即可以接受一定程度负值的话，则前者满足此抱负水平的概率为 0.872，后者的概率为 0.968（=0.675+0.225+0.068），应该选择后者。

最后再根据期望和方差原理，将方差加入判断标准之中，即考虑净现值的多个计算结果对期望值的离散情况。此处省略方差的计算过程，结果为第一次任务采用形式 I、第二次任务采用形式 II 时的方差要小于两次任务均采用形式 II 时的方差。前者虽在期望值上略逊一筹，但离散程度方面却具有优势（波动小）。风险回避型的决策者可能更喜欢前者。

　　像这样，决策者对风险的喜好程度不同，最优选择也可能不同。

坚持就是胜利

　　在解决选择类问题时，找到通向终点的理性之路之前，必须要跨越一重又一重的障碍。首先必须要将复杂的现实问题改为可以着手处理的形式。要弄懂问题的结构，确定要针对什么进行选择，选项又都是什么。如果这一阶段建立的框架偏离主题，之后的分析过程无论多么细致严密，也只会得出错误的结论。

　　接下来要按照一定的顺序对选项进行细化，在细化过程中会遭遇信息不足的障碍。很多人都因为信息不足而放弃分析，如此一来就无法提高自身的决策能力。基本上有三种方式可以解决信息不足的问题，分别是对过去的统计数据进行加工、理性预测和设定前提条件。

　　信息齐备之后就该进入计算阶段。应该针对问题进行哪些计算呢？由于要根据计算结果来确定选项的优劣，因此需要设定判断的标准，依据该标准进行计算。判断标准可以从期望值理论、期望和方差原理、抱负水平原理等中选择一种。

　　最后是敏感性分析。我们需要验证信息和前提条件等会在多大程度上影响最终选择。

　　在最初阶段就完美地构建出解决问题的步骤，这几乎是不可能的。不停碰壁、不断失败、反复摸索才是常态。此外，还必须经得起无处不在的"否定派"的打击。他们会抓住不完备的部分内容，对我们吹毛求疵。这些人并没有备选方案，他们只想维持现状，即使现状也正是"不完备的"。

　　无论是个人还是组织，要提高决策能力，就必须下决心打破重重障碍。哪怕最初是遍地深坑，也要一个一个把它填平，在此过程中积累专业知识与技巧。只要不轻言放弃，就可以掌握他人（其他公司）无法轻易模仿的决策技能。

风险管理法

——用系统思维提高决策质量

新的挑战自然有可能遭遇失败，但为了更有把握地取得更大成功，必须将失败控制在允许范围之内。即使是没有先例的挑战，缺乏统计数据和经验，也不能"先试着做做看，不行的时候再想办法"。我们应该在风险管理方面下功夫。

为了使项目、任务进展顺利，必须进行风险管理。风投企业在经营中出现致命性的失败可能引发破产。太空任务中发生大型事故，会导致后续任务的庞大预算无法获得议会或国民的支持。不过如果完全不承担风险，企业就没有将来，太空任务也会被其他国家抢先取得伟大的成果。

NASA 的喷气推进实验室（Jet Propulsion Laboratory）是加州理工学院下属的民间研究机构。这里主要承担无人探测任务，完成了多项名垂太空开拓史的伟业。喷气推进实验室拥有极高的技术能力，但在 20 世纪 90 年代后半期，却在短短三个月之内连续失去两架火星探测器。如此重大的失误导致其研发预算被大幅削减，整个组织面临着关乎存亡的危机。对此，喷气推进实验室提出一项难度更大的任务作为目标，漂亮地打了一场翻身仗。

喷气推进实验室成功的原因之一是通过风险管理对风险进行了彻底的计算和分析。他们整理出探测器发射之前必须检验的事项，反复针对预想的事故进行测试。也就是尽可能设想到各种可能发生的风险情景。

正如喷气推进实验室的复活经过所体现的，了解彻底进行风险管理的重要性之后，首先必须突破"把握潜在风险（管理对象）"的难关，即解决如何看待和评估风险的问题。有些情况下，某些风险会和其他风险相互影响并引发严重事态。通过使用系统方法，可以在预想整体风险的基础上，将遗漏部分限制在最小范围。斯坦福大学、麻省理工学院以及 NASA 都在多年实践中积累了很多经验和技巧。

本章结构如下。首先考虑风险是什么。虽然常能听到这个词，但人们却未必完全理解其含义。这一部分会介绍关于风险含义的多种观点。接下来介绍"风险矩阵"（risk matrix），该工具有助于整理各种风险，它具有使用方便的优点，同时也有一些不足。

接下来再对能够更精确地评估风险的"概率风险评估"这一方法论进行简要介绍。想发挥该评估的作用，必须让大脑全速运转，要发挥"系统思维"的威力。本章还会介绍系统思维的代表性工具——"影响图"和"系统动力学"。这两种工具都能够通过思维的"图像化"和"深化"来接近事物的本质。

本章后半部分介绍了因坠毁事故而闻名全球的"哥伦比亚号"航天飞机的事例。此次重大失误的原因在于 NASA 没有充分重视之前进行的风险评估，本章对其评估方法进行解说。该方法是 NASA 与斯坦福大学的共同研究成果，它超越了技术风险领域，从 NASA 管理层的视角来管理风险。此外，本章还会涉及 NASA 报告中也曾提到的"风险驱动"和"阶段划分"这两种风险管理技巧及其有望起到的效果。

这一事例表明，风险评估在分析精度上存在极限，但并不是没有作用。实际上，NASA 在航天飞机退役之前一直对其进行评估与管理，他们回首过去 30 年得出的结论是："必须看到该项作业的效果。" NASA 的经验今后也有可能应用在民间太空开发活动中。

本章最后设有 "Management's Eye" 栏目作为补充内容。提到风险评估或风险管理，可能很多人会认为 "这是安全管理部门的工作，不必由负责企业发展战略的中枢部门承担主导作用"。然而这种印象完全是错误的。风险管理对企业的战略和价值具有决定性影响。本书通过简单事例介绍的 "风险管理范式" 为此提供了理论依据。

 给 "风险" 下定义

● 加强风险意识的重要性

我因为从事风投工作，常有机会看到创业者制作的项目计划书，或实际听他们亲自介绍。项目计划书中包含新项目的概念、竞争对手和替代产品或服务、项目战略及其后援阵容等，这些内容能体现出创业者的热情。不过很多计划书对风险的叙述不够充分，基本上只是罗列了项目开展过程中可能发生的风险，而且还不是根据 MECE 原则列出的。

对于梦想成功积极向前的创业者而言，他们可能把风险看作负面课题。越是对项目运营充满自信的创业者就越容易低估风险实际发生的可能性。但是，对发展过程中既有高峰也有低谷的风投企业来说，必须要正确且充分地认识风险，提前制定好风险实际发生时的 "应急方案"。

对于即将上市的企业而言，风险也极为重要。站在投资者的角度来看，判断是否对一家计划上市的企业投资时，风险信息必不可少。因此，在企业向投资者公布的计划书中，关于风

险的信息要占上好几页。不过这些内容只是对潜在风险的定性描述，也就是只写出了可能发生的情况。而投资者要依据这些信息进行判断，还需要了解风险评估的标准。

无论是大型企业还是风投企业，在经济、政治、社会、项目战略、交易管理、财务、法务、劳务、技术、事故及灾害等一切领域都存在关系到企业管理的风险。我们无法列举出所有风险事项。对多种风险的评估和管理不能一刀切，这方面的工作好坏会影响到组织能否实现其目标。提升风险评估和管理能力，前提是要加深对"风险是什么"这一问题的理解。

▶ "风险"未必是"危险"

很多人听到风险，可能都会想到危险的事情。但其实风险的含义范围要更广一些。"危险"表示人或物可能会受到损坏或危害的状态，而风险则表示组织或个人的目标或目的无法实现的可能性，如战略、业绩（成本等）、成果、技术性能、安全性、日程等未达到计划（期望）的水平。虽然风险也能表示损坏或危害的可能性，但其含义并不仅限于此。

这样来看，生活中"处处是风险"。目前为止，还没有关于风险的统一定义。不过风险都符合以下两个条件：一个是结果的出现方式是不确定的。一定会发生的事情不能称为"风险"。另一个是其结果会带来效用（满意度）。它与效用直接相连，如果一件事情与效用没有关系，其结果如何都无所谓，就与风险无关。

不用降落伞从飞机上跳下来的人会面临风险吗？答案是否定的。因为他一定会死，所以不符合关于不确定性的第一个条件。此外，从装有红球和黑球的罐子里取出小球也是没有风险的。因为虽然会取出哪种颜色的小球是不确定的，但不同颜色的小球没有与不同的金钱价值联系在一起，无论取出哪种颜色的小球，财富（效用）都不会变化，不满足关于效用的第二个条件。

▶ 对风险的错误认识会导致错误判断

人们十分惧怕飞机失事等悲惨事故，即便这类事故实际上极少发生，也往往会过高估计其发生概率。相反，对于开车等日常行为的风险，人们却会过低估计。

2001 年 9 月 11 日美国恐怖袭击之后，很多人出行会尽量避免乘坐飞机，而选择坐车移动，尽管统计数据显示，汽车事故的发生概率要高于飞机。美国密歇根大学 2002 年进行的一项调查显示，依据最常见的直飞航班的移动距离进行比较，开车要比乘坐主要航空公司的飞机危险约 65 倍。实际上，随着选择开车出行的人数增多，事故死亡人数也在增加。这是错误的风险评估导致错误判断的极端事例。

该事例表明，要做出正确决策，就必须准确把握风险。为此需要对风险进行恰当的定义。风险包括项目风险、金融资产

（投资组合）风险、工学技术风险等多个种类，用一个概念去定义风险既不现实，也不实用。下面介绍关于风险的三种代表性对立观点。

对立 I：

有些人将某种事件（事项）发生的概率看作风险。按照这种观点，大地震由于发生概率较小，其风险也较小。而对立观点则认为，除了发生概率，还要同时考虑该事件的结果的影响力。大地震虽然发生概率较小，但其结果是毁灭性的，因此风险较大。

对立 II：

有些人认为，只有具备可以评估事件概率和结果的充分信息时才能讨论风险。而对立观点则认为，虽然有些事件发生可能性极低，因此预估出概率，但可以将会产生极大负面影响的事件定位为"威胁"，将其包含在风险之内来考虑。

对立 III：

风险可以分为只关注消极面进行定义的风险和关注上下波动情况来定义的风险。工学领域的风险属于前者，可以看作"事故的发生概率"和"事故导致的金钱或生命损失"的组合。而金融领域的风险则属于后者，表示与预期收益相比，实际投资收益上下波动的程度。

哈里·马科维茨（Harry M. Markowitz）对金融领域的风险做出了重要贡献。马科维茨是美国经济学家，他提出了在管理投资风险的同时构建最优金融投资组合的方法。该方法能够在一定的风险容忍度范围内，使投资组合的预期收益实现最大化。

马科维茨在 1990 年获得诺贝尔经济学奖，他的成果如今被应用于医学、太空等多个领域的风险管理。先进的风险管理不只是抑制下行风险，还要"捕捉和进一步发展"项目或投资等创造的潜在机会。关于后者，第 4 章以技术研发的上行潜力为例做了介绍。

如上所示，关于风险应该如何定义这个问题，可选择的范围很广，必须依据决策的目的来决定。

传统的风险评估方法

▶ 用"风险矩阵"掌握相对重要性

风险矩阵不是单纯地将风险罗列出来加以定性说明，而是在分析的同时将其表示出来。它是比较分析风险因素的基本工具，有助于从"可能性（发生概率或发生频率）"与"结果的影响程度"这两个角度来从整体上把握风险。

图表3-1是一个3×3的风险矩阵，纵向和横向分别将可能性与结果的影响程度划分为三个级别。在划分影响程度大小时，除了金钱方面（预期损失额等），还应该根据损害企业形象、造成生命损失（预估牺牲人数）等非金钱标准来衡量。

下面介绍一个风险矩阵的应用事例。

执行发射火箭任务，会遭遇以技术型风险为中心的各种风险，如因硬件或软件故障或误操作导致计划无法继续进行或火箭在发射台爆炸等。这里的风险定义为"衡量在确定的成本、日程及技术制约下无法实现任务目标的可能性及其结果的影响程度的指标"。这个定义对导致宇航员牺牲的悲剧结局和实际

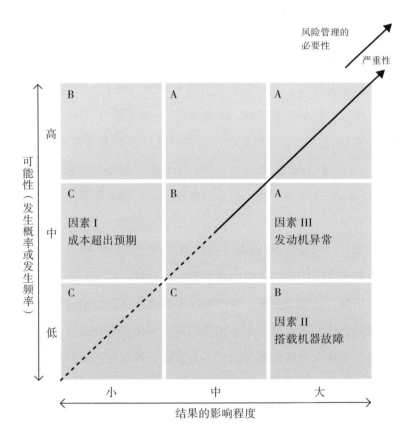

图表 3-1 风险矩阵 ——比较风险因素，确定优先级

成本略超出预估数额等并不太严重的后果是同样适用的。

利用风险矩阵，可以区分这些影响程度不同的风险因素。将各个因素分解为"风险导致无法实现目标的可能性"与"结果的影响程度"，将这两方面的组合情况在平面图上表示出来。

图表 3-1 的矩阵中标有火箭发射任务中的三个风险因素。因素 I "成本超出预期"实际发生的可能性不低，但并不会造成严重后果，因此重要程度有限。重要程度有限的风险因素在图表 3-1 中属于 C 类区域。相比之下，因素 III "发动机异常"可能会引起爆炸，是难以承受的重大风险，属于 A 类区域。A 与 C 区域之间是 B 类区域，因素 II "搭载机器故障"属于这里。

在讨论风险应对措施时，需要将各因素按照可能性高 → 中 → 低、影响程度大→中→小进行分类。即将各因素按照 A 类 → B 类 → C 类分类。对不同级别的风险因素要采取不同的处理方法。

对于 A 类的风险因素，必须制定合适的应对措施，绝不能放置不管。B 类的风险因素需要密切监控，至于是否有必要制定措施，还需要判断。既然可以用来削减风险的管理资源是有限的，那么也有些情况不用专门考虑对策。所以最后，C 类的风险因素受管理资源所限，不太会成为风险管理的对象。当然，无论属于哪种类别，都没有理由为即使实施了对策也不会产生任何效果（可管理性低）的风险因素而投入资源。

风险矩阵通过对项目、任务中各种风险因素排出优先顺序，使人们更高效地投入可用于风险管理的稀缺管理资源。其简洁明了的分析框架和直观效果也可以在业务、任务的相关人员对风险认识形成共识时发挥重要作用。

本书以发射火箭为例进行说明，该方法也同样适用于商业领域。不同企业面临着不同的风险因素，只列出主要的讨论对象，其数量也不容小觑。例如损失重要顾客、价格竞争激化、消费者需求改变、新技术研发失败、资产或技术陈旧过时、竞争对手转换战略、人才不足、必须裁员、利率或汇率变动、政策限制放宽、税收制度变动、系统失灵、信息安全薄弱、债权回收困难、产品质量责任诉讼、知识产权诉讼、劳动纠纷、机密泄露、环境污染、台风或地震等。风险矩阵是整理这些信息的绝佳工具。

▶ 传统方法的盲点

前面提到 C 类因素很难成为风险管理的对象，但有时也不能完全忽略这一类。因为单独来看并不那么重要的因素有时会与其他风险因素产生相互作用，导致严重的后果。这就是风险矩阵的不可忽视的弱点，即无法准确体现风险由于相互作用而增大的情况。不分析风险因素之间的相关性就无法准确把握总体风险，因此风险矩阵很难进行全面的风险管理。

举一个简单的例子，假设导致上班迟到的三个风险因素分别是"睡过头超过一个小时""睡过头 30 分钟至一个小时"和"肚子疼"。睡过头超过一个小时的情况不经常发生，可能性比较低，但如果真的睡过头这么久就一定会迟到，因此归为 A 类。睡过头 30 分钟至一个小时的情况可能比较常发生，如果起床后抓紧时间就可以避免迟到，因此这个风险不太严重，可以归为 C 类。而肚子疼的严重程度因人而异，暂时归为 B 类。

以上是单独考虑这三个因素的情况，但考虑到它们之间的相互作用又会怎样呢？假设早晨起晚了 45 分钟，急忙出门总算坐上了地铁，但由于没有像平时一样吃早餐或上厕所，所以引发肚子疼的可能性也会升高。如果肚子疼中途下车去上洗手间，上班就会迟到了。

也就是说，睡过头和肚子疼这两个风险因素是相关的，即使单独来看并不十分严重，组合在一起却有可能升级为极严重的风险。要每天按时上班，就必须在风险管理时考虑到风险因素之间的相关性。大多数人都能自然而然地注意到这一点。

风险矩阵还有一个无法忽视的缺点，就是无法将不确定性纳入其中。在风险矩阵中，每个风险因素都位于一个特定的方框内。以图表 3-1 为例，因素 I "成本超出预期" 位于与纵轴 "可能性" 的 "中" 和横轴 "结果的影响程度" 的 "小" 对应的方框内。但由于风险因素实际上是不确定的，因此，因素 I 可能会变到旁边的方框。风险矩阵无法充分体现出这种由不确定性带来的结果。

此外还有一个问题，评估风险因素的标准不同，也会导致它在风险矩阵中所处位置发生改变。一般而言，人们都是预估最可能发生的情况，但也应该考虑最糟糕的情况。以成本超支为例，可以推算成本最多会超支多少。此时，最糟糕的情况虽然发生的可能性相对降低，但结果的严重性却会增加，因此要向风险矩阵的右下方移动。

如果说最糟情况过于极端，也可以在更现实一些的范围内

预估影响程度的上限。这种情况会位于最糟情况的左上方。位
置不稳定的问题也是由于不确定性引发的。

 超越传统方法

● 重新定义风险，提高应用性

　　为了超越风险矩阵的局限，进行更进一步分析，需要对风险进行重新定义。风险由以下三个基本要素构成。

　　第一个是情景。从逻辑上构建出多个事件（风险因素）由于因果关系等相互作用而导致"不利结果"的过程，将其作为"风险情景"。例如，会导致伤亡的情景、会损坏重要资产的情景、预算超支的情景和日程推迟的情景等。为了反映不确定的未来，通常要假设多个情景。

　　第二个是特定情景的发生概率。一般而言，概率并不是特定的预测"值"，而是反映不确定性的"分布"。

　　第三个是特定情景的结果的重要程度（影响程度或严重程度）。通常，对重要程度的评价也会伴随着不确定性。

　　以上定义便涵盖了与风险因素有关的相互关系和不确定

性。其中的情景是关键。

▶ 拓宽分析范围

　　从情景的角度来重新认识风险，可以大幅拓宽分析的范围。首先，该方法能够进行比风险矩阵程度更进一步的风险分析。此外，除了可以对项目、任务相关决策的选项（备选方案）进行定量评估之外，还有助于掌握各风险因素对整体风险的贡献程度。选项（备选方案）的定量评价方法会在第4章至第6章详细介绍，本章介绍其余内容。这些都有助于详细制定出备选方案。

　　在风险的新定义下，最关键的问题是如何将各种风险因素组合起来形成情景。下面就介绍一种方法，在存在多个因素时，独创且合理地考察各因素间的关系。这种思维方式的应用范围并不局限于风险问题。

系统思维（1）：通观全局

● 用整体统一的视角进行想象

运营多年的业务或项目一般都拥有充足的经验和数据，如果运营状态稳定，便可以通过统计方法利用丰富的过去信息来进行风险分析。因为这种情况下使用传统的统计分析方法，根据过去信息得出的分析结果也会符合将来的情况。

但挑战从未做过的新项目时，必须想到将来会遇到全新的风险，即使可以依靠过去信息进行部分分析，整体上却不能这样。例如想象一下要如何应对全球各地可能发生恐怖袭击的风险，就会更容易理解这种情况。

这种时候，只能细致周密且系统地梳理出能想到的所有风险情景。必须充分发挥想象力，考虑到包括过去从未发生过的情况在内的所有风险因素及其相互作用。说起来容易做起来难，仅靠风险矩阵恐怕难以做到这一点。此时可以借助"系统思维"，也就是在"系统"中运用整体统一的视角进行理性思考的技术。这里的系统是指由彼此交错影响的各因素构成的整体，系统思维在将整体分解为各构成要素的同时，还能将各构成要素综合起来。

▶ 运用系统思维进行概率风险评估

下面介绍利用系统思维评估风险的"概率风险评估"（Probability Risk Assessment，PRA）方法。这里仅介绍概念，具体步骤可以参照后文的事例 3。

概率风险评估可以用来评估失败的可能性与其结果，通常以发生频率较低但结果影响极大的事件（重大事故或失败）为对象。因此，在情景、发生概率、结果（重要程度）这三个风险定义的要素之中，常会预先将结果设想为特定重大事故，集中精力来对情景和发生概率进行评估。以前文的迟到风险为例，累计会导致"上班迟到"这一结果的多个情景的发生概率，便可以得出"上班迟到"的可能性。

概率风险评估的框架如图表 3-2 所示。该图表中除前文提到的"睡过头超过一个小时""睡过头 30 分钟至一个小时""肚子疼"三项之外，还增加了"交通工具未准时运行"的风险因素。图表 3-2 中加粗箭头表示睡过头 30 分钟至一个小时，后来肚子疼，并遇到了交通工具晚点的情景。这一情景下上班迟到的概率预估为 0.02%。所有情景的概率相加为 1.71%。

概率风险评估在评估死亡事故、设施损坏、异物混入等可能引发严重结果的风险时可以发挥作用，但实际上严重程度并

图表 3-2 利用概率风险评估来评估风险（概念图）

风险因素及其组合（情景）			发生概率	结果
	肚子疼	交通工具未准时运行		
按时起床（包含睡过头 30 分钟之内）	×	×	0.0%	
	×	○	0.5%	
	○	×	0.5%	
	○	○	0.3%	
睡过头 30 分钟至一个小时	×	×	0.05%	
	×	○	0.06%	上班迟到
	○	×	0.18%	
	○	○	0.02%	
睡过头超过一个小时	×	×	0.08%	
	×	○	0.01%	
	○	×	0.009%	
	○	○	0.001%	

不是本质问题。本质上真正重要的是运用整体统一的视角，充分想到风险因素间相互作用的可能性，用 MECE 分析法列出所有情景。从这一意义上来看，除了核领域、太空领域和医疗领域之外，概率风险评估还可以在其他各种领域发挥作用。在管理方面，概率风险评估可以用来应对市场需求下滑、竞争对手新战略等。此外，在评估制定新政策或新挑战可能带来的风险时也能发挥很大作用。

概率风险评估要推算各情景的概率，为此需要先估算出风险因素的概率，但大多数情况下都缺乏过去的数据。这种情况下，一般的方法是援引在不同于实际情况的设定下（例如实验室）得到的数据，或征求专家的意见，推算出主观概率。主观概率虽是发挥想象力推算出的结果，但必须承认它还不够充分。而运用概率风险评估的话，即使可用信息不足，也能够最大限度地运用它们，通过严密的推论过程，得出有助于更好地进行决策的结论。

▶ 系统思维的可视化："影响图"

利用概率风险评估体现真正的风险，需要构建问题框架，将关联性较高的风险因素涵盖在内，在此基础上考虑各因素之间的相互作用。为了毫无遗漏地考虑到包含潜在的相互作用在内的所有情况，需要从整体统一的视角进行系统性评估。在描述问题结构，考察因素间的相互作用时，可以使用"影响图"（Influence Diagrams）。

影响图能直观地体现与决策相关的各因素之间的连锁影响关系，20 世纪 80 年代初期，由斯坦福大学教授、决策分析大师罗纳德·A. 霍华德（Ronald A. Howard）首先提出。

图表 3-3 是在商业领域运用影响图的简单示例，体现了在确定新产品概念时，价值判断的标准是什么，不确定性因素是什么，以及这些因素之间的相互关系如何。假设某家企业在确

定新产品的概念，他们需要根据自身战略与管理资源，讨论新产品投入生产的可行性和投入市场后的适销性及竞争优势，从结果上评估预期经济效益。其目的是确定一个能使经济效益实现最优化的新产品概念。

图表 3-3 选取利润作为评价经济效益的指标，用代表"价值判断标准"的八边形符号来表示，用代表"决策项目"的长方形符号来表示需要确定的新产品概念，然后筛选出与"价值判断标准 = 利润"及"决策项目 = 新产品概念"关系密切的"不确定性因素"，用椭圆形符号表示。这里列出的都是不确定性较高，对决策来说比较关键的因素。各因素之间的影响关系用带箭头的实线表示。

仔细观察图表 3-3，可以了解到错综复杂地连接在一起的因素的很多信息。例如，选择一种拥有全新概念的产品，可以创造之前从未有过的全新市场（图表 3-3 中的 a），这可能带来销售数量的增加（b）。此外，在其他公司开发出类似产品（c）之前，还很有可能享受到溢价定价（d）的优势。这些都可以对销售额（e）乃至利润（f）产生积极作用。不过另一方面，正由于是全新的尝试，如果产品研发和大批量生产（g、h）的难度太大，那成本（i）也会增加，导致利润减少。像这样，通过影响图可以全面了解各种因素间的相互作用，系统地推算出将要确定的新产品概念对预期利润的影响。

影响图一般来说有三种用途，每一种都有很好的"可视化"效果。首先，就像前文介绍的，关于当前课题的结构以及

图表 3-3 用影响图直观体现确定新产品概念的问题全貌

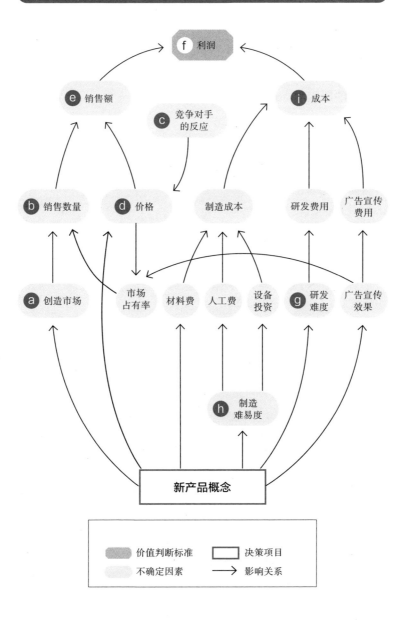

应该考虑的因素，决策者可以通过影响图整理和发展原本模糊不清的思路。其次，影响图还有助于组织内部或相关人员一同了解问题的结构和影响因素，促进沟通和交换意见。最后，影响图还可以构建定量分析模型的蓝图。在概率风险评估中运用影响图的原因之一就是要构建模型。

系统思维（2）：系统动力学的启示

▶ 今天的决定会引发明天的问题

图表 3-3 的影响图体现各因素如何实现"价值判断标准
= 利润"最优化（最大化）的目标，阐释了增加利润的关键所
在。不过有时为了到达本质还需要进一步深入挖掘。这种情况
下，"反馈"（feedback）的动态效果会起到具有决定性的重要
作用。

例如抗生素类药物对感染了细菌性疾病的患者非常有效，
但对病毒性疾病并没有效果。虽然也有医生也会给感冒患者开
抗生素类药物，但其实九成感冒都是由病毒而不是细菌引起
的。病毒性感冒患者不适合使用抗生素类药物，滥用抗生素会
导致细菌进化，产生抗药性。

抗生素的发明是人类历史上的丰功伟绩，大幅减少了细菌
性疾病患者的人数，但另一方面，也因此产生耐药性细菌，越
来越多的患者服用现有抗生素无效。也就是说，减少细菌性疾
病患者人数这一"使用抗生素的成果"中，有一部分要被"使

感染耐药性细菌的患者人数增加"这一"负面反馈"抵消。原以为随着抗生素的出现而得到解决的问题，由于耐药性细菌这一"副产品"而进入了新的阶段。

还有更简单的例子。假设某家餐厅组织的培训卓见成效，使该店因员工的优质服务获得顾客好评，营业额迅速增加。不过如果这种情况导致现有员工忙不过来，招聘新员工也来不及进行充分的培训，就会拉低员工整体的服务水平。如此一来，慢慢就会有顾客不再光顾这里。这个事例也体现了负面反馈。餐厅最初为了改善业绩而提高员工的服务水平，从"静态"来看这可能是正确策略，但如果考虑到反馈的影响进行"动态"分析，可能就会发现应该采取其他策略。

研究经济动向也离不开负面反馈。例如，假设物价上涨会导致需求减少，生产（供给）增加。这样的话，库存增加，就会出现生产过剩的问题。如果最终为了削减库存而降低价格，那么促使物价下降的力量就会越来越大。这就是平衡物价上涨的负面反馈所发挥的作用。制定经济政策时，必须充分考虑反馈作用在今后一段时间内会产生的影响。

▶ 良性循环的威力

"负面反馈"会削弱因素之间的作用，而"正面反馈"则可以强化作用。下面以美国的半导体生产厂家英特尔公司为例，介绍新产品研发带来的正面反馈。

20 世纪 90 年代，英特尔与通用微处理器生产厂家展开竞争，必须抵制廉价的仿制品。英特尔将销售额的 10% 用于研发，生产最高性能的芯片，开发用户的新需求，在增加销量的同时还确保了相当多的产品溢价。而销售额增加后，可用于研发的资金也进一步增加，英特尔便可以研发出更多的创新型产品，满足潜在的客户需求。这就是通过增加研发资金创造更多财富的正面反馈。

这一反馈还有助于英特尔削弱通用微处理器厂家势力，使其无法动摇英特尔的竞争优势地位。英特尔预测竞争厂家的仿制品的上市时机，用最新产品赚来的部分利润来降低旧型号产品的价格。这使得竞争厂家的利润受限，没有充足的资金用于新产品研发。如上所示，除了研发环节，英格尔公司在营销（价格设定）环节也通过正面反馈在竞争中形成良性循环，避免被竞争对手夺走主导权。

▶ 抓住因果的本质

系统中的因素之间存在"原因与结果"的关系时，人们即使能注意到时间及空间层面上的"较近关系"，也往往看不到反馈带来的"较远关系"。但对于整个系统而言，要寻找长期的整体最优解，就不能忽视反馈的影响。通过图表 3-4 所示的"因果循环图"，可以发现错综复杂的因果关系，把握包含反馈在内的问题结构。

图表 3-4 体现了企业希望通过并购实现发展时的各相关因素以及因素间的因果关系。因果关系用箭头表示，箭头旁标有"+"或"-"，表示"当原因因素变化时，结果因素会如何变化"。变化模式为"增加→增加（原因因素增加，结果因素也随之增加）"或"减少→减少"时标正（+）；变化模式为"增加→减少"或"减少→增加"时，标负（-）。

例如，某企业通过并购不断扩大规模，对供货企业和客户企业的影响力，即市场支配能力就会随之增大。因此图表 3-4

图表 3-4　用影响图直观体现确定新产品概念的问题整体

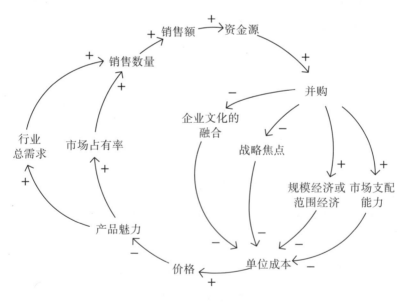

资料来源：由笔者参考 John D. Sterman《システム思考—複雑な問題の解決技法》（东洋经济新报社）内容制作。

中从"并购"到"市场支配能力"的关系就是"+"。而市场支配能力变大，企业就可以降低单位成本，因此该图表中从"市场支配能力"到"单位成本"的箭头就标"−"。

　　沿着箭头的方向会构成循环，整个图表中有多个循环。一个循环中包含偶数个（含 0 个）"−"时会形成正面反馈，这样的循环被称为"自我增强型循环"。相反，"−"为奇数个时会形成负面反馈，这种循环被称为"平衡型循环"。

　　例如，在图表 3−4 中，"资金源→并购→规模经济或范围经济→单位成本→价格→产品魅力→市场占有率→销售数量→销售额→资金源"的循环中含有两个"−"，因此是自我增强型循环，可以促进企业成长，以钱生钱。而在"资金源→并购→企业文化的融合→单位成本→价格→产品魅力→行业总需求→销售数量→销售额→资金源"的循环中含有三个"−"，是平衡型循环，会抑制企业成长。文化完全不同的企业实施并购时，互不相容的企业文化会成为障碍，并购后的企业无法实现预期的顺利发展，这样的案例并不少见。

　　很多时候，复杂问题中的自我增强型循环与平衡型循环相辅相成、互相影响，引起在本质上极为重要的"动态"变化，必须根据这些变化来制定改进（解决）措施。如果想以尽可能小的举措获得最大成果，就要以因果循环图为线索，找出"杠杆点"（Leverage Point）。杠杆点是指解决问题时，最适合对系统施加作用力的位置。在杠杆点处实施改进（解决）措施，便可以用较小的力量带来持续且较大的变化，产生良好的"杠杆"效应。

很多时候，复杂系统中杠杆点的位置与我们的直觉正好相反。下面以世界经济为例进行介绍。

贫困及饥饿、失业、资源枯竭、环境污染、治安恶化等全球问题堆积如山，人们针对每个问题都采取了各种措施，却根本看不到改善的苗头。例如，空气污染不断恶化的城市针对空气质量制定严格标准，也许能降低空气污染程度，但却无法获得真正干净的空气。

旨在找出有效解决这些问题的方法而进行的分析发现，在世界经济这一系统中，应该干预的杠杆点是"人口和经济增长"。增长的变化方向是关键，不是要加快增长，而是要减缓增长才能见效。很多问题其实都是增长造成的失衡，要解决这些问题，必须让缓解失衡的反馈发挥作用。降低系统速度，便可以赢得反馈发挥作用所需的时间。

以汽车为例会更便于理解。为了提高驾驶安全性，汽车厂家一直在研发相关技术。此外，驾驶者也会通过更新驾照时的继续培训等方式学习到提高驾驶水平的技巧。这些方法确实有效，但要做到安全驾驶，最重要的还是不能超速。只有这样才能使驾驶中的平衡型循环发挥其原本的作用，有充裕的反应时间去踩刹车。提高驾驶安全这一问题中的杠杆点就是"速度"。

再回过头来看风险情景。存在正面反馈和负面反馈，就有可能出现当初完全没有考虑到的间接原因在很长时间之后引发严重后果的情况。这样就又会构成一两个新的情景。此外，能否准确找到杠杆点采取有效对策，也会影响到结果的严重程度。因此，要毫无遗漏地考虑到所有重要风险情景，就不能忽视反馈的影响。

以上是以"系统动力学"为基础，对反馈做的介绍。系统动力学是系统思维的一大代表性分支。该学说体系是麻省理工学院工学领域学者福瑞斯特（J. W. Forrester）在 1956 年调到同校管理学研究生院之后所创建的。福瑞斯特教授是电子计算机研发领域的先驱，拥有许多耀眼的研发成果，他将工学中的反馈控制原理运用到了社会经济系统。

系统动力学有助于人们洞察直观上难以发现的事物本质，应用对象除企业管理外，还涉及经济发展、环境变化、社会动荡、城市衰退、心理学、生理学等多个领域。前文中提到世界经济所面临的种种问题，"杠杆点 = 增长"的结论也是依据福瑞斯特教授的分析得出的。系统动力学至今仍然是麻省理工学院斯隆管理学院的王牌课程之一。

事例

3

如何避免
航天飞机失事

　　本章以 NASA 的航天飞机计划为例，介绍如何利用影响图和概率风险评估进行风险分析和管理。本事例也能为商务人士提供有益的参考。不对业务实施过程中的重大风险进行管理，新业务别说是取得成功，就连能否存活下来都说不好，即便是持续多年的现有业务也无法保证能一直平稳运行。无论是太空探索还是普通业务，都要充分认识到风险的全貌以及构成整体风险的各风险因素，并在此基础上根据各因素的相对重要程度采取相应措施。

NASA 在风险方面的失败经历与改进措施

◉ 航天飞机计划

航天飞机计划于 20 世纪 60 年代开始技术性讨论，1981 年完成首次飞行。之后经过 30 年的运行，于 2011 年宣告终结。该计划水平先进且规模庞大，在人类发展历史上留下了伟大的足迹。

但是，由于一些风险变为现实，航天飞机计划遭遇了不幸。很多人对导致宇航员丧失了宝贵生命的两次惨痛事故至今记忆犹新。除了技术上的缺陷，NASA 组织的散漫（轻视安全）也是导致事故的原因之一。之后，NASA 应用概率风险评估等方式不断改善风险管理，直到该计划结束。

◉ 事故原因在很早之前就曾被指出

哥伦比亚号航天飞机于 2003 年 1 月 16 日发射升空，当时的航行一切顺利。升空后的 16 天期间，哥伦比亚号基本按计划在绕地球飞行的轨道上进行实验。但 2 月 1 日脱离轨道再次进入大气层时，哥伦比亚号却在空中解体，7 名机组人员全部遇难。

这个令人心痛的事故是在多个风险因素的相互作用下发生的。发射升空时，外部燃料箱上脱落的泡沫材料碎片高速撞击到哥伦比亚号的左翼前缘部分，导致隔热瓦出现裂隙。泡沫材料脱落本身并不严重，但其结果导致隔热瓦出现裂隙（或脱落），在航天飞机再次进入地球大气层时无法继续保护机组人员的生命安全。过去的任务也曾多次观测到外部燃料箱上的泡沫材料脱落的现象，但在哥伦比亚号失事之前从未对飞行带来任何影响，因此 NASA 没有充分认识到泡沫材料脱落的风险，也没有从根本上采取应对措施。

哥伦比亚号航天飞机失事十多年前，斯坦福大学的伊丽莎白·M. 佩特－康奈尔（M. Elisabeth Paté-Cornell）教授和卡内基梅隆大学的保罗·S. 费施贝克（Paul S. Fischbeck）教授就曾针对敷设在航天飞机轨道器底面的隔热瓦的风险做过调查。时间是 1989 年到 1990 年。此项调查包括在 NASA 与斯坦福大学的共同研究合约之中，对 NASA 提出了若干建议。其中包含放宽对隔热瓦安装人员的时间限制、制定检查隔热瓦的优先顺序以及增强外部燃料箱泡沫材料的黏结强度等。

有些建议被 NASA 采纳，但实施得却并不充分。例如增强外部燃料箱泡沫材料的黏结强度这一建议，如果当时采取了适当措施，哥伦比亚号上的宇航员们也许就可以幸免于难。

◉ 预测和应对尚未发生的事故

在更早的 1986 年 1 月 28 日，挑战者号航天飞机在发射升空 73 秒后于空中解体，7 名机组人员全部遇难。站在 NASA 的立场来看，无论是为了确保资金来源，还是出于政治原因，都不能再次出现损失轨道器的情况了。因此在挑战者号事故之后，NASA 对航天飞机采取了各种安全措施，其中就包括佩特－康奈尔教授等人进行的调查研究。这也是本事例要讨论的主要问题。

此项调查的目的是研究轨道器隔热瓦导致机体毁损、机组人员遇难的可能性，并制定应对措施。调查通过概率风险评估方法，对隔热瓦会在何种情况下出现裂隙（或脱落），出现裂隙（或脱落）后会如何，哪些情况会对机体造成无法挽回的损害等"连锁悲剧"做了考察。此外，还利用概率风险评估对航天飞机轨道器不同部分的隔热瓦情况做了评估，确定了风险管理方面最重要的隔热瓦区域，为航天飞机隔热管理设定了优先顺序。接下来为了更有效地进行风险管理，还制定了系统的应对方案。

进行这项调查时，之前 30 余次任务中观测到从轨道器上脱落的隔热瓦只有 2 片，也没有发生过因隔热瓦引起的事故。虽然该调查是在人们认识到该问题严重性之前进行的，可参考的统计数据极少，但其指出的问题所引发的重大事故却真正变成了哥伦比亚号的悲剧。这一点令人震惊。普通的商务人士可能很少需要去弄清事故风险，本事例中的"创造性思维方式"对应对商业风险也很有启发。

继佩特－康奈尔教授等人的调查之后，除了轨道器以外，NASA 对航天飞机整体也开始实行概率风险评估，针对会威胁机体或人员生命的主要风险因素，按照各因素对总体风险贡献度的大小进行排序，确定其优先顺序。NASA 约翰逊航天中心的安全负责小组为此做了大量工作。NASA 高度评价了该小组技术负责人在提高安全方面的贡献，于 2011 年对其加以表彰。本事例要讨论的另一个问题就是如何依据贡献程度确定优先顺序。商业领域中也会遇到在有限的预算中确定优先顺序的课题。

建立问题模型

▶ 描绘复杂问题的流程与结构

接下来使用影响图来把握本事例全貌并制定情景。具体内容如图表 3-5 所示。

如果隔热瓦引发重大事故，其具体过程应该是隔热瓦脱落，轨道器的铝质结构暴露出来，之后由于高温而熔解。那么，隔热瓦为什么会脱落呢？ NASA 最初认为，导致一片以上隔热瓦脱落（图表 3-5 a）的原因可能有两个。一个是隔热瓦安装或检修时"黏结不牢"（b），还有一个原因是"碎片撞击"（c）。后一种情况下，碎片撞击密度越高隔热瓦脱落的可能性越大。

黏结不牢和碎片撞击分别是重大事故的开端，被称为"起始事件"。起始事件导致隔热瓦脱落，航天飞机轨道器再次进入地球大气层时产生的"气动力"和"气动加热"（d、e）可能导致相邻隔热瓦也发生脱落（f）。如果相邻隔热瓦不断脱落，脱落区域（g）便会扩大。

接下来是铝质表层熔解（h）的可能性，这与脱落区域的面积和位置有关。脱落区域的面积越大，或者该区域热负荷越高（i、e），表层熔解的风险就越大。表层熔解后，下方的辅助系统（计算机、航空电子仪器、燃料箱、油压管等）就会暴露在高温之下，产生引发故障（j）的风险。发生故障后，如果该辅助系统在轨道器航行中承担决定性重要功能（k），就会导致机体损毁、机组人员失去生命（l = 价值判断标准）。

通过上述流程构建模型时，必须面对一个事实：轨道器底部共有约 25 000 片各种种类的隔热瓦。数量如此之多，不可能对每一片都进行风险评估。因此需要把风险因素特征类似的隔热瓦分为一组，分成数量处于可处理范围内的几个小组。

分组时可以依据上述流程中出现的四个因素——碎片撞击密度、气动力、热负荷、铝质表层下的辅助系统所承担功能的重要程度。将这四个因素水平或程度基本相同的隔热瓦分为一组，轨道器上的所有隔热瓦可以分为 33 组。也就是说，分析对象的数目缩小为 33 个。

◎ 构建预测概率的框架

接下来介绍如何预测隔热瓦引起重大事故的概率。在此不深入涉及详细的计算过程，主要通过"条件概率"这一基本概念来介绍。其实第 1 章和第 2 章曾用到条件概率，这里再次加以说明。

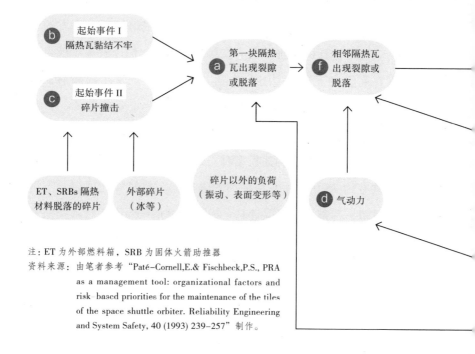

图表 3-5 系统地预测由隔热瓦引发的轨道器事故的结构

注：ET 为外部燃料箱，SRB 为固体火箭助推器

资料来源：由笔者参考 "Paté-Cornell,E.& Fischbeck,P.S., PRA as a management tool: organizational factors and risk-based priorities for the maintenance of the tiles of the space shuttle orbiter. Reliability Engineering and System Safety, 40 (1993) 239–257" 制作。

　　条件概率表示"已知信息之外的可能性所占的比例"。这个说明可能不太好理解，下面举一个简单的例子。有三支签，其中两支表示中奖，一支表示未中奖，假设有两人轮番抽签。第一个人中奖的概率毫无疑问是 2/3，那么第二个抽签的人呢？

　　要计算第二个人的中奖概率，必须考虑到两种情况：第一个人中奖的情况和第一个人未中奖的情况。如果第一个抽签的人中奖了，那么剩下的两支签中只有一支有奖，因此第一个人中奖时，第二个人中奖的概率为 1/2。这就是条件概率。我们获得"第一个抽签的人中奖了"的信息之后，第二个人中奖的可能性和未中奖的可能性之比就变成了 1∶1，因此他中奖的概率是 1/（1+1）=1/2。同样，如果第一个抽签的人未中奖，那么第二个人中奖的条件概率就是 1。即剩下的两支签均表示中奖→中奖可能性和未中奖可能性之比为 2∶0 →中奖概率为

2/（2+0）=1。

利用条件概率计算第二个人中奖的概率：

（第一个人中奖的概率）×（第一个人中奖后，第二个人
中奖的概率）+（第一个人未中奖的概率）×（第一个人未中
奖时，第二个人中奖的概率）=（2/3）×（1/2）+（1–2/3）×
（1）=2/3

也就是说，第二个人中奖的概率与第一个人相同。正如大
家都知道的，"在开始抽签之前，中奖概率与抽签顺序无关"[1]。

下面再回到隔热瓦的事例，来看计算重大事故概率的方
法。图表 3-6 体现了这种框架。重大事故的概率需要分别计算
由"隔热瓦黏结不牢"引起的情况和由"碎片撞击"引起的情
况，再将两者相加。两种情况的概率推算过程是一样的，此处
以碎片撞击的情况为例进行简要说明。

碎片撞击最初导致脱落的隔热瓦数量可能是 1 片、2 片、3
片……因此第一步要先预测每个脱落数量的概率（分布）（图
表 3-6 A）。接下来要预测相邻的隔热瓦脱落数量的条件概率

---

[1] 计算在第一个人抽签之前"第二个人中奖概率"时，无论规则是第一个
人确认自己是否中奖后第二个人再抽签，还是第一个人不确认抽签结果就让
第二个人接着抽，概率结果都不会改变。第二种规则和两个人同时抽签没有
本质上的区别。因此，不用计算也能知道两人中奖的概率相同。

（分布），例如假设最初脱落的隔热瓦数量为 2 片时的情况。算到这一步，就能用概率方法估算出脱落面积的大小（B）。

　　预测出脱落面积的概率（分布）后，就可以预测出脱落面积为某一数值时铝质表层熔解的条件概率（分布）（C）。然后，再将熔解程度作为已知信息，估算表层下辅助系统失灵或发生故障的条件概率（分布）（D）。最后就可以预测出某一辅助系统出现异常导致机体毁损的条件概率（分布）（E）。也就是说，要一步一步地计算条件概率，之后再将这些概率相乘或相加，预测轨道器失事、机组人员遇难的概率。

　　关于前文"上班迟到"的例子，图表 3-2 体现了几种会导致迟到的原因的组合。除了多种因素以各种组合方式同时发生的情况，"睡过头超过一个小时""睡过头 30 分钟至一个小时""肚子疼""交通工具未准时运行"等任何一种因素单独发生也有可能会导致迟到。但隔热瓦引发的航天飞机重大事故只有在所有因素同时发生的情况下才会发生。只要不是"碎片撞击（或隔热瓦黏结不牢）""最初的隔热瓦脱落""隔热瓦继续脱落""表层熔解""辅助系统出现异常""机体毁损"等因素全部按照这一顺序发生，就不会出现重大事故。图表 3-6 体现了在这一前提下构建的概率预测过程。

图表 3-6　预测机体毁损概率的推理过程

A
事件　预测起始

隔热瓦黏结不牢	碎片撞击
1 片、2 片……l 片	1 片、2 片……m 片

B
的面积　落区域　预测脱

1 片、2 片……n 片

C
能性　熔解的可　预测表层

轻微熔解 ~ 严重熔解

D
现异常　统是否会出　预测辅助系

无异常 OR 出现异常

E
是否毁损　预测机体

未毁损　OR　毁损

资料来源：由笔者参考 "Paté-Cornell, E. & Fischbeck, P.S., PRA as a management tool: organizational factors and risk-based priorities for the maintenance of the tiles of the space shuttle orbiter. Reliability Engineering and System Safety, 40 (1993) 221–238" 制作。

·预测最初脱落的隔热瓦数量

·将最初的隔热瓦脱落情况作为已知条件
·预测接下来会脱落的隔热瓦数量
·计算脱落区域面积，即隔热瓦脱落总数

·将脱落区域面积作为已知条件
·预测表层熔解的严重程度

·将表层熔解的严重程度作为已知条件
·预测辅助系统是否会出现异常

·将辅助系统是否会出现异常作为已知条件
·预测机体是否会毁损

模型的使用方法

▶ 不可避免的主观判断及其合理性

概率是如何预测出来的呢？一种方法是利用之前实际发生过的"频率"来估算。但本事例中关于频率的数据极其有限。因为佩特－康奈尔教授等人进行调查时，实际完成的航行任务总数并不多，也没有发生过隔热瓦引发重大事故的情况。因此，即使参考过去的频率数据，还是在很大程度上需要依靠主观判断。

另一种方法是使用根据专家的意见得出的概率。无论是隔热瓦因黏结不牢发生脱落的概率，还是铝质表层下的辅助系统发生故障的概率，都只能听取专家的意见。这里的专家是指约翰逊航天中心及肯尼迪航天中心等技术机构以及洛克希德公司与罗克韦尔国际公司等承包企业中的专业人员。

无论采用哪一种方法，分析结果的可信程度都完全要依靠主观概率。可能有读者会认为这样不太可靠，但实际恰恰相反。如果优先采用单纯依靠过去数据计算出的概率，现有数据极少，而之后使用新获得的数据重新计算会导致分析结果发生大幅度的变化。也就是说结果非常不稳定。

下面用一个简单的例子来说明结果的不稳定性。假设过去 4 次任务中有 1 次发生了问题，那么问题的发生概率就是 25.0%（=1/4）。如果第 5 次任务又发生了问题，与之前的 4 次合来看就是 5 次任务中有 2 次发生问题，概率就是 40.0%（=2/5）。仅增加 1 次数据，结果就从 25.0% 一跃变为 40.0%。

关于概率预测还有一些补充说明。如果拥有更多时间和资金，其实是可以降低对专家的依赖程度的。只要模拟实际环境进行实验，获取新数据就可以了。商业上也是如此，有时可以投入资金在将新产品投放全国市场之前先在特定地区进行试销售。在人口构成、收入分布、物价水平、消费倾向、地形特征、城市化程度等方面接近平均水平的地区，如广岛或静冈等地可以收集到接近全国平均水平的消费者偏好或广告效果数据。不过无论收集多少数据，最终都离不开主观判断。因为我们随时都需要判断如何利用数据。

除多向专家咨询之外，还可以进行概率风险评估。例如，针对"暴露在高温环境中的辅助系统发生故障的概率"，可以事先考虑所有故障情景后利用概率风险评估进行预测。也就是说，在以预测事故发生概率为目的概率风险评估中，可以利用通过其他概率风险评估得出的结果。虽然这样做比较麻烦，而且仍然需要听取专家意见，但分析结果的精确度可能会更高。

◉ 主观判断需要"相对化"解释

本事例中的风险定量分析模型的主要依据是依靠主观判断得出的"粗略数据值",在绝对值层面的精确度并不高。它无法精确地锁定比如某数值到底是 3 还是 4,因此,分析结果在绝对值上的可靠性有限。分析结果更侧重于针对相对水平。

依据 1989 年的调查结果,NASA 预测由于各种原因引发航天飞机重大事故的概率是 1/100(100 次中有 1 次)。对此,佩特－康奈尔教授等人认为由轨道器底部隔热瓦引发事故的概率为 1/1 000(1 000 次中有 1 次)。这些都是依据粗略数值得出的,"100 次中有 1 次""1 000 次中有 1 次"等数值本身不能说是非常精确的。

但是,通过两者的比较可以发现,因隔热瓦导致轨道器毁损的可能性占航天飞机事故可能性的约一成。这意味着要降低风险,就不能忽视隔热瓦。

佩特－康奈尔教授等在调查中将所有隔热瓦分为 33 组,并预测了每组隔热瓦引起重大事故的概率。虽然某一组隔热瓦引起重大事故的概率在 0.01% 还是 0.02% 的绝对值层面上并不精确,但假设 A 组引起事故的概率是 0.02%,B 组引起事故的概率是 0.03%,就可以比较确定地推算出 B 组的风险是 A 组的 1.5 倍。利用这种方法将 33 组隔热瓦按照风险高低进行排序的结果是可信的。

依据这一排序,可以确定如何对用来改善安全性的管理资源（时间、资金、职工的劳动力等）进行最优分配。必须优先针对风险相对较高的隔热瓦考虑应对措施，用较少资金实现更好的效果。根据排序体现的相对风险，因隔热瓦引起机体毁损的可能性中有约 85% 集中在面积仅占所有隔热瓦 15% 的区域。因此在维护隔热瓦时，应该对这 15% 的区域给予最大程度的重视。此外，讨论性价比后得出的结论是，处理因隔热瓦引起机体毁损的风险并不需要很多成本，就可以减少大约七成风险。综合考虑这一结论和隔热瓦的相对风险，就可以制定出最优的应对方案。

像这样，即使是缺乏统计数据、必须依靠主观判断的模型，通过对分析结果进行"相对化"解释，也能够获取管理上的重要信息。

通过逆推找到应对措施

◉ 拉远镜头：扩大评估的视角

前文的介绍都是以技术因素为中心，接下来再深入一步，将人员因素、管理因素及组织因素（下文统称"管理因素"）也囊括到风险评估之内。这样可以提高风险管理的能力。为此可以深入应用影响图，系统地处理多种因素。

下面就来具体针对图表 3-5 的情景中出现的各因素探讨其根本原因。此时需要跨越三个级别来把握各要素之间的关系。图表 3-7 表示从中抽取的一部分的关联性。

图表 3-7 中的"下层"为图表 3-5 中的情景，是风险评估模型的基础部分。"中间层"由与技术领域相关的决策或行为构成。中间层的内容对下层事故发生情景中的因素起到直接影响。而支配着中间层技术领域的行为模式的是"上层"。上层是管理因素群，是需要组织进行的重要决策。如此一来，就可以按照下层→中间层→上层的顺序来寻找关联性，与通常的指挥命令系统的方向正好相反。

图表 3-7　从风险评估回溯到管理因素

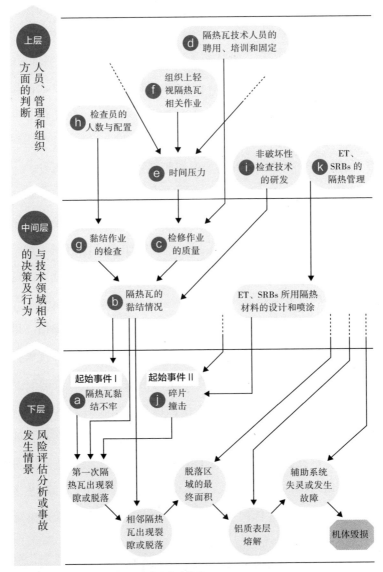

注：ET 为外部燃料箱，SRB 为固体火箭助推器

资料来源：由笔者参考 "Paté–Cornell, E. & Fischbeck, P. S., PRA as a management tool: organizational factors and risk–based priorities for the maintenance of the tiles of the space shuttle orbiter. Reliability Engineering and System Safety, 40 (1993) 239–257" 制作。

接下来看下层中的"起始事件 I 隔热瓦黏结不牢"（图表 3-7 a）。是否会出现隔热瓦黏结不牢的情况取决于中间层的"隔热瓦的黏结情况"（b）。而隔热瓦的黏结情况则取决于三个因素，一个位于上层，另外两个位于中间层。

位于上层的是判断黏结程度的"非破坏性检查技术的研发"（i）。在调查当时，该技术的研发尚未成功，只能依靠熟练的技术人员凭借手感来检查隔热瓦是否松动。这种作业会耗费大量时间和资金，因此需要组织管理层着手新技术研发。

第二个因素是中间层的"检修作业的质量"（c）。如果认真进行检修护理，隔热瓦就能保持良好的黏结状态。最后一个因素是"黏结作业的检查"（g）。即使在作业阶段出现了黏结不牢，只要能通过检查及时发现便可以避免事故。中间层的这两个因素都与上层相连。

"检修作业的质量"受上层"隔热瓦技术人员的聘用、培训和固定"以及"时间压力"（e）影响。通过前者增加优秀技术人员的数量，可以提高检修作业的精确度。而后者的时间制约可能会导致作业时出现失误。由于 NASA 组织内部轻视隔热瓦的安装作业（f），在其他工序导致进度落后时，便会施压要求隔热瓦技术人员缩短工期来赶进度。无论是技术人员的聘用和培训等人事政策，还是为了缓解时间压力对涉及多道工序的进度表进行调整，都属于需要高层判断的管理事项（management issue）。

"黏结作业的检查"也受到上层因素"检查员的人数与配

置"（h）的影响，由确保有多少名检查员、如何配置等管理判断所左右。

以上主要是对与"隔热瓦黏结不牢"有关的因素的说明。虽然在图表 3-7 中没有标注出来，下层—中间层—上层的因素之间还可以找到其他各种关联。依据关联性从下层向上层逆推，便可以将与事故相关的不确定因素与管理中枢的决策事项联系起来。

◎ 将评估方法变为管理工具

利用概率风险评估得出的结果，可以找到相关的管理因素。这些因素与风险管理有直接联系。因此，下一步就是要依据这些因素制定应对方案。

根据"隔热瓦黏结不牢"与"隔热瓦技术人员的聘用、培训和固定"的关联性可以发现，降低风险的重要措施之一是重新审视薪资体系。因为有相当比例的隔热瓦技术人员找到薪资待遇更好的工作便会跳槽过去。NASA 花费很大成本好不容易培养的技术人员一旦辞职，便会导致隔热瓦安装质量下降。高离职率曾是 NASA 极为苦恼的问题之一。

同样，从"隔热瓦黏结不牢"与"时间压力"的关联性中可以发现，必须缓解隔热瓦技术人员的过高的时间压力。尤其不能再严格规定每天必须处理的隔热瓦的数量。此外，还必须妥善处理 NASA 组织上对隔热瓦作业不够重视的问题。

与"检查员的人数与配置"相关的措施是对隔热瓦的检查工作设置优先顺序。要重点检查因"隔热瓦黏结不牢"而引发事故的风险最大的隔热瓦。这不意味着要忽略其他区域的隔热瓦,而是在检查员数量有限的条件下,尽量通过提高工作效率来将风险降到最低。

下面再举例说明一下与图表 3-7 下层"起始事件 II 碎片撞击"(j)相关的应对措施。与"碎片撞击"有间接关系的上层因素是"ET、SRBs 的隔热管理"(k)。措施就是对隔热管理(例如提高隔热材料的黏结强度)也按照优先顺序进行排序。这是为了降低敷设在 ET(外部燃料箱)、SRBs(固体火箭助推器)外部的隔热材料部分脱落并撞击轨道器隔热瓦、致其破损的风险。

如果对轨道器的航行至关重要的隔热瓦出现破损,发生重大事故的可能性就会增加。因此,可以通过模拟隔热材料的坠落轨道,找到坠落可能损伤重要隔热瓦的隔热材料区域。对这些区域的隔热材料需要格外注意。

如这些应对方案所示,风险评估方法并不仅能用来评估风险,还可以用来提升组织的风险管理能力,成为决策时的辅助工具。

从不同角度不断完善

● 比较各因素的贡献度

即使整体上把握了航天飞机发生事故的概率，也很难知道"那么应该怎么办"。其实想降低事故风险，可以算出可能引发事故的各因素对整体风险的贡献度，然后按照贡献大小对所有因素进行排序[①]，再针对排在前面的因素制定措施就可以了。

风险贡献度大的因素叫作"风险驱动因素"（risk drivers）。商业领域常会听到"驱动因素"这个词，例如成本驱动因素（cost drivers）、价值驱动因素（value drivers）等。影响成本增减的因素很多，其中有助于迅速且有效地降低成本的就是成本驱动因素。同样，有助于提升企业或项目价值的是价值驱动因素，例如营销费用率和营运资金周转率等。不同企业拥有不同的风险驱动因素和价值驱动因素。

下面介绍约翰逊航天中心下属团队于 2009 年发表的报告，

---

① 无须详细分析，对重要性极低的因素可以不必将其作为排序对象。

来说明如何通过把握风险驱动因素来提升航天飞机的安全性。该报告距离佩特－康奈尔教授等人的调查已有超过 19 年之久，利用了这期间积累的大量数据。

在佩特－康奈尔教授等人的调查之后，NASA 对隔热瓦以外的各种因素引发事故的概率都利用概率风险评估进行了估算，其中也包括人为失误。在预测概率时，同隔热瓦一样，都要列举出所有能够想到的情景。此处不做详细介绍，只根据 2009 年报告的结果，选取管理方面的重要内容加以介绍。

该报告指出，航天飞机机体毁损、宇航员遇难的概率约为 1/85（85 次中有 1 次）。这一估算值接近实际的事故发生概率。在 2009 年之前，航天飞机共执行了 129 次任务，其中发生过 2 次事故（挑战者号与哥伦比亚号），实际概率约为 1/65。

从原因来看 1/85 的整体概率，发现最有可能引发事故的因素是地球轨道上的微流星体或宇宙垃圾撞击航天飞机。此类事故的概率是 1/227，占整体的 30.9%。第二大因素是主引擎发生毁灭性故障，它引发事故的概率约为 1/652，对整体的贡献度为 13.2%。报告还依次排出第 3 名至第 10 名的事故因素。

贡献度排在前五名的因素的概率之和相当于整体事故风险概率的 66.9%。这表明，航天飞机事故中有 2/3 可以用这 5 个因素来解释。将相加的对象扩展至前十名，便可以占到整体的 73.8%，将近 3/4。

不用说，要降低事故风险，就必须重视排名靠前的因素。特别是占总风险三成的"微流星体或宇宙垃圾的撞击"的重要性尤为突出。降低这个风险，便会对避免事故发挥重要作用。

针对撞击风险，可以在操作上采取应对措施。航天飞机在轨道上检查有无受到撞击，发现问题立刻修理。如果无法修理，就会启动机组人员救助方案。NASA 还在继续努力提高在轨道上进行检查的能力。

如上所示，把握了风险贡献度的大小，就可以清晰地认识到应该积极处理哪些因素来有效降低风险。当存在多种方案可供选择时，便可以在考虑所需管理资源和预期效果等的基础上，确定优先顺序，从而建立更经济的风险管理体系。

◉ 提前部署

接下来再介绍可以为制定风险应对措施提供新线索的另一个切入点，即将航天飞机的航行分为三个阶段来考虑风险贡献度的问题。从发射到进入太空为"上升"阶段，太空航行中为"轨道绕行"阶段，从再次进入地球大气层到着陆为"返回"阶段。图表 3-8 为各阶段的分析结果。

图表 3-8 分为左右两部分。右侧以事故原因的"发生"为标准，列出了各阶段的事故概率与风险贡献度。左侧则是以事故原因的"形成"为标准。宇宙垃圾导致隔热瓦出现裂隙的例子比较容易理解。宇宙垃圾导致隔热瓦出现裂隙是在轨道绕行阶段，而裂隙导致航天飞机失事则是在返回阶段。因此，宇宙垃圾导致隔热瓦出现裂隙而引发航天飞机失事的事故在图表

图表 3-8　动态把握事故的原因与发生，寻找采取预防措施的线索

阶段	在事故原因形成时的贡献度		在事故原因实际发生时的贡献度	
	事故概率	风险贡献度（在总风险中所占比例）	事故概率	风险贡献度（在总风险中所占比例）
上升	1/207	41%	1/288	29%
轨道环绕	1/187	45%	1/492	17%
返回	1/600	14%	1/159	53%

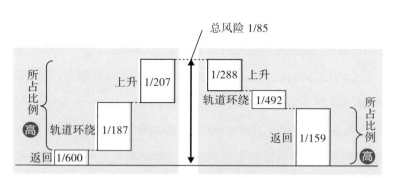

资料来源：由笔者依据 Hamlin, T. L., Canga, M. A., Boyer, R. L., and Thigpen, E. B., 2009 Space Shuttle Probabilistic Risk Assessment Overview. 等制作。

3-8 左侧属于轨道绕行阶段，在右侧属于返回阶段。

通过图表 3-8 所划分的"阶段"可以发现，有将近九成（41%+45%=86%）的事故原因是在上升阶段和轨道绕行阶段形成的，而有超过一半（53%）的事故实际发生在返回阶段。这意味着在返回阶段之前还有机会采取预防措施，可以实施再次进入大气层后无法做到的措施。前面说的"在轨道上进行检查和维修以及救助机组人员"就是要充分利用这些机会。

动态地掌握事故发生的过程十分重要。图表 3-7 是从事故的根本原因逆推到管理因素，除此之外还可以从时间上逆推。从时间上逆推，便能提前采取措施，避免之后可能发生的事故。这说明，一般情况下只关注问题或事件发生或暴露的阶段，则有可能会忽视有效的应对措施。

◉ 从不完善到完善

前文提到，佩特－康奈尔教授等人实施调查时，NASA 预测事故的总风险为 1/100 左右。但约翰逊航天中心负责安全的技术领导者们在 2011 年发表的报告中指出，初期任务的事故概率应预测为约 1/10。这是基于 30 年来的实践和最新的风险评估模型得出的结果。如果这个预测是正确的，那么初期风险就是当时 NASA 预估数值的 10 倍，整整差了一位数。

读到这里，有些读者可能会产生疑问：风险评估的结果根本靠不住，是不是不应该使用这些结果呢？答案是并非如此，主要有以下两个原因。

第一个原因是把握风险驱动因素有可能起到降低风险的效果。2011 年的报告也展示了事故概率测算值的历史变化过程，在最初的 25 次航行中，风险没有明显降低。实际上在这些航行中，NASA 还没有找到风险驱动因素。

在第 25 次航行的挑战者号发生重大事故之后，NASA 发现了重要的风险驱动因素。针对风险驱动因素采取相应措施后，第 26 次之后的航行的预测事故概率降低至之前的 1/2 到 1/4.5。再后来，第 113 次航行的哥伦比亚号失事，NASA 又发现了新的风险驱动因素，第 114 次以后的航行风险进一步缩小至之前的 1/1.5 到 1/2。

这表明持续追踪风险驱动因素对风险管理具有重要意义。风险驱动因素是根据相对重要性来决定的，因此无论总风险是 1/100 还是 1/10，都可以确定出风险驱动因素。也就是说，与总风险概率的精确度无关，只要能够确定风险驱动因素，就可以有效地实施应对措施。

还有一个原因是，在风险评估中积累的相关知识可以用于其他处于初期阶段的项目。由于初期项目可以获取的信息和模型的精确度都有限，因此无论如何细致分析，都不可避免地会因低估未知风险而产生误差。之前的风险评估中获得的知识可以为调整新项目的评价误差提供宝贵的参考资料。

NASA 在航天飞机计划初期只进行了定性风险评估，后来才开始采用概率风险评估方法。虽然最初未能充分发挥概率风险评估的作用，但后来逐渐将其发展为实用的风险管理技术。最初的评估方式即使并不完善，只要不断去努力改善，也可以发展为更接近完善的形态。

在我心目中，航天飞机计划是 NASA 的辉煌伟绩，但也有人认为它总体来看还是以失败告终。持否定观点的人认为，航天飞机计划暴露出 NASA 在推进太空商业应用方面的局限。不过即使该项目失败了，我们也还是可以从中学习到很多有关风险管理的知识。NASA 从航天飞机计划中获得的教训极为珍贵，商务人士也可以从中获得启发，了解如何将致命失败阻止在萌芽状态。

物理学巨擘洞悉的问题本质

关于航天飞机计划的功过有很多不同观点，航天飞机退役时还有很多当初制定的目标没有完成，这是毋庸置疑的事实。挑战者号的爆炸事故令 NASA "狠狠摔了一跤"，他们不得不对航天飞机计划进行修正。

已故的美国天才物理学家、在加州理工学院担任教授多年的理查德·菲利普·费曼参加了挑战者号航天飞机爆炸事故的调查委员会。费曼不仅获得过诺贝尔物理学奖，还撰写了很多教科书和选逸集。他一边与 NASA 的官僚主义和组织内部的相互包庇做斗争一边追寻真相，完成了"关于航天飞机可靠性的个人报告"，将其作为事故调查报告的附录。

这份报告指出，NASA 管理层与一线技术人员之间缺乏沟通。航天飞机机毁人亡的事故发生概率处于 1/100 000 ～ 1/100 之间，上限的 1/100 是一线技术人员预测的数值，而下限的 1/100 000 则是管理层的观点。

1/100 这一极高的概率意味着技术人员认为危险是有可能发生的。而 1/100 000 这一极低的概率仅为技术人员估算出的上限的千分之一。假设这个概率是正确的，那么航天飞机在 274 年期间每天都在航行[1]，也只会发生一次重大事故（1/（274×365）=1/100 010）。无论怎么看这都不可能，由此可以窥见 NASA 高层对安全确实过于自信。也就是说，NASA 内部关于发生事故的主观概率未能达成共识。

　　无论本章介绍的分析方法如何优秀，如果组织内的管理层不理解或是一意孤行，分析结果的可信性就会明显下降。如何让高层正确参与决策，这也是很多组织都要面对的难题。

---

[1]　实际上航天飞机不可能每天航行，此处只是为了便于计算，假设航天飞机可以在确保与实际相同水平的安全性的同时每天航行。

将风险管理升华为战略

风险评估只有在管理中得到应用才具有意义。正确应用风险评估，需要了解管理的目的。那么风险管理的终极目的是什么呢？本章的最后来分析一下这个根本问题。

具体来说，对民营企业而言，风险管理与战略执行力密切相关，也会影响到"企业价值"。NASA 不是民营企业，不适合用企业价值作为评判标准，但从"必须及时筹备研发所必需的资金"这一点来看，NASA 与民营企业是相同的。下文介绍的范式的着眼点对各种组织来说都具有同样的重要意义。

▶ 制定风险管理的根本目标

企业应该通过风险管理实现什么目标？例如面临汇率风险的企业针对汇率变化应该采取哪些措施，应该以什么标准进行判断？如果企业没有明确的风险管理方针，往往会用不同标准来判断不同的风险。

这里向大家介绍笔者在麻省理工学院斯隆管理学院学到的

战略风险管理框架。该框架源自麻省理工学院斯隆管理学院最年轻的教授杰里米·C. 斯坦（Jeremy C.Stein）与哈佛商学院的教授们共同完成的一篇论文。

斯坦教授等人提倡的"企业风险管理范式"，建立在下述三个前提之上。

①提升企业价值的关键是进行优质投资，即设备投资、研发投资、企业收购、为扩大市场占有率而进行的投资等最终能增加营业现金流量的投资。

②进行优质投资的关键是利用企业内部（作为营业现金流量）产生的资金（以下简称"内部资金"）来充当所需投资额。如果内部资金不足，需要向外部（投资者或银行）筹措资金，企业则常会比竞争对手更果断地削减投资。

③内部资金有时会由于汇率、商品价格（石油价格等）、利率等外部因素的变化而大幅减少，这会减弱企业的投资能力。也就是说，投资能力可能会受到外部因素的制约。

立足于这三个前提，可以看到企业风险管理中的一个总体目标：掌控现金流量，以便能够"在需要的时候拿出需要的资金"来从事可以提升企业价值的投资。风险管理与作为企业战略基础的投资活动直接相连，这意味着风险管理是构成企业战略的一部分。

①非常简单易懂，不再具体说明。②是财务政策的问题，

关心这一点的读者应该不多，此处不深入介绍，只用谷歌的事例来说明如果能利用内部资金进行投资，而不用向外部融资，管理自由度便会得到提高。

谷歌母公司 Alphabet 除核心业务外，还向一些未知领域投入资金。此类投机或者说冒险投资的对象包括自动驾驶汽车和长生不老药的研发等，这些项目被称作 "moonshot"。Alphabet 可以从本公司稳定创造的巨额现金流量中提取一部分进行投资，无须吸收外部资本便可以开展创新。虽然由于财务风险较高，以及可能弱化核心业务等原因，围绕 moonshot 项目的争论从未停止，但拥有巨额内部资金使 Alphabet 可以不受市场热潮或泡沫破裂等的影响而实现这一切。这是那些必须依靠外部资金的企业所无法比拟的。

下面对③做一些补充说明。

◉ 利用风险对冲确保战略投资额度

③涉及对冲方针。下面以研发投资必不可少的 RD 公司为例进行说明。假设该企业不依靠外部融资，全部用内部资金来投资，图表 3-9 为具体情况。

RD 公司每年在研发方面投入高额资金。今年经过讨论，在 10 亿日元、20 亿日元、30 亿日元这三个选项中确定以 20亿日元为最优。该判断是根据净现值的估测结果得出的。投资20 亿日元预计可以增加的将来现金流量现值合计为 28 亿日元，

图表 3-9　利用对冲交易规避汇率风险，实现 RD 公司研发投资的最优化

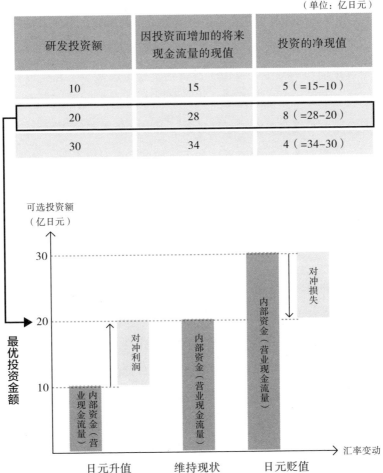

（单位：亿日元）

研发投资额	因投资而增加的将来现金流量的现值	投资的净现值
10	15	5（=15-10）
20	28	8（=28-20）
30	34	4（=34-30）

因此净现值为 8 亿日元（=28-8）。用同样方法计算 10 亿日元和 30 亿日元的净现值，分别为 5 亿日元和 4 亿日元。因此该公司选择了净现值最大的 20 亿日元作为投资额。

RD 公司的业绩和竞争力会受到汇率的影响。日元升值时，为了在全球市场保持竞争力，必须降低产品价格。降低价格会导致短期利润减少，可用于投资的资金也会减少。长此以往，公司竞争力就可能会落后于海外的竞争对手。因此 RD 公司希望避免由于投资资金不足导致竞争力下降的情况。

汇率对业绩的影响具体如下。如果汇率保持不变，内部资金是 20 亿日元。如果日元升值，内部资金就会减少为 10 亿日元；相反如果日元贬值，内部资金则会增加至 30 亿日元。也就是说如果日元持续升值，就无法依靠内部资金确保最优投资所需的 20 亿日元。

这种情况下，通过外汇对冲（远期交易、期权交易等）可以在汇率发生变动时仍然确保 20 亿日元的内部资金。例如 RD 公司可以签订一个对冲交易合约，确保在日元升值时获得 10 亿日元的利润，日元贬值时承担 10 亿日元的损失。这样一来，在日元升值时，RD 公司便可以通过"10 亿日元营业现金流量"加上"对冲交易获得的 10 亿日元"来确保 20 亿日元的内部资金。而日元贬值时虽然可以获得 30 亿日元的营业现金流量，但由于对冲交易损失 10 亿日元，因此内部资金净值还是 20 亿日元。

利用对冲交易来应对汇率变动风险，有时会获利，有时会亏损。即使有时认为日元会继续升值而签订了对冲合约，但也许日元却贬值了。从平均来看，对冲交易本身是没有盈利或损失的。那么 RD 公司应该利用外汇对冲交易来规避汇率变动风险吗？答案是 YES。

日元持续升值时，如果 RD 公司没有进行对冲交易，就只有 10 亿日元内部资金可以用来投资，将来增加的现金流量的现值仅为 15 亿日元（图表 3-9）。而如果进行对冲交易，就有 20 亿日元进行投资，将来增加的现金流量的现值是 28 亿日元。也就是说，要比不进行对冲交易时多增加 13 亿日元（=28-15）的价值。而当日元持续贬值时，无论是否进行对冲交易，投资金额都是 20 亿日元，进行对冲交易会有 10 亿日元的损失。

综合考虑日元升值和日元贬值的影响，在进行对冲交易的情况下，"日元升值带来的价值增加金额 =13 亿日元"要大于"日元贬值带来的损失金额 =10 亿日元"。因此，对于 RD 公司而言，进行对冲交易更为有利。无论汇率如何变化，RD 公司都能确保"20 亿日元投资额的最优选项"，从而通过风险管理真正创造出价值。

从 RD 公司的事例中可以得知，关于风险对冲的判断并不是单纯的财务问题，也不仅仅是从"风险"这个词直接联想到的安全管理问题。当风险对冲会左右到投资能否实现时，是否进行对冲交易的判断就与决定企业将来的发展战略及竞争力密切联系在一起。因此，根据战略竞争因素决定对冲何种风险、不对冲何种风险，就成了成功的风险管理所不可或缺的条件。仅靠企业的财务部门或安全管理部门，是无法完成这项工作的。

高 胜 算 决 策

向绝不容出错、极会管理风险的

N A S A 学 决 策

世界最高峰の頭脳集団NASAに学ぶ決断技法

第二部分 应用篇

4

优先顺序法（1）
——捕捉跃升机会

常能听到有人说："风险就是机遇。"这句话有几种不同的解释，基本上都与第 3 章的主题 —— 风险的负面影响正相反。不过，两者之间也有一个共同点，那就是不确定性。不确定性也有完全相反的两极。

不确定性是风险的核心特征，如何将风险转化为机遇，是企业发展过程中的根本课题。如果只是通过研发改进现有产品或开拓现有业务的新市场，由于企业已经积累了相关知识，因此可以在一定程度上控制不确定性，但这些项目即使获得成功也很有可能只是可预见范围之内的成功。要创造出前所未有的新产品或新业务，必须面对庞大的不确定性。但如果能找到隐藏在其背后的机遇的种子，适当培育，就有可能获得巨大成功。

当然，谁都知道这并不容易。特别是想通过全新的研发工作创造出经济效益更是难上加难。如何在保持独创性的同时管理研发活动，这是根本难题。彼得·德鲁克在 50 多年前就曾提出，正因为研发成果具有不确定性，对其管理才极为重要。

对新产品的研发，一般可以划分为不同阶段。药物开发项目需要针对最终目标，确定重要节点应该完成的事项，通过与实际情况的对比来管理进度。开发过程完全按照原计划进行未必就是最好。也有很多时候，在某个节点推迟进度、转换方针或者完全停止项目反而更好。问题是应该如何判断。

开展新业务时，可以采用"精益创业"（lean startup）的管理方法在较短周期内针对业务的方向性是否合适反复进行判断。创业企业家是在极不确定的情况下开创新业务的。他们甚至连应该生产什么产品、以哪些顾客为目标都不清楚。在这种情况下推出自己所想象的完美产品，然而上市后却无法取得预想的销售业绩，最终导致公司破产的案例屡见不鲜。为了避免这种情况，可以首先构建实现业务的关键假设，然后通过为顾客提供"最小化可行产品"（Minimum Viable Product，MVP，即只具备验证假设所需最低限度功能的产品）来验证假设，再根据顾客的反应对创意进行轨道修正。

这种方法的重点在于要快速重复"构建业务假设→验证假设→修正轨道"的循环。这样不仅可以尽早发现客户的潜在需求，还能避免在与成功无关的因素上浪费管理资源。发现依照创业者毫无根据的信念制造出的产品最终没人想要时，已经浪费了时间、资金和劳动力。而精益化产品研发可以对新业务的成功率带来飞跃性提高。

精益创业的创业方法源自硅谷，现在有很多大企业都已经采用。GE 公司模仿精益创业创造了本公司独有的管理方法"Fast Works"，旨在快速应对顾客需求。该公司已经成功地大幅缩减了新产品完成所需的时间。

无论是研发还是新业务，要抓住隐藏在不确定性中的机遇，都需要"灵活性"。必须根据新获得的信息，灵活地做出最优选择，从而促进业务增长，增加企业价值。选择的高明与否左右着业务的发展，因此不能依靠运气，必须构筑出系统性方法。根据金融理论构建系统化框架有助于发挥灵活性的优势，在 NASA 也备受关注。

本章的构成如下。首先讨论如何在不确定的业务环境中做出投资判断，几乎所有的投资都可以推后决策，由此带来的灵活性价值（＝选择权价值）有时会具有重要意义。

接下来的部分会介绍如何进行阶段性投资。不确定性既有上行潜力，也有下行风险，阶段性投资可以发挥两方面的优势，不过它同时也有缺点。这一部分会在介绍其优缺点的基础上，介绍适合阶段性投资的案例。

最后介绍如何进行战略性的技术研发。具体来说，即仿照加州理工学院的 NASA 喷气推进实验室的机制，将"选择权思维"落实到技术研发的评价过程中。以 NASA 技术研发的基础——阶段性投资为前提，预估单项技术的潜在价值，在有限的预算范围内确定投资的优先顺序。本书将对"选择权思维"加以介绍。

决定企业成败的秘密

很多企业想规避风险，但却常采取将自己置于风险之中的行为。只有国内业务的企业进军海外市场就是其中一例，如果想进军政治风险和经济风险都极大的新兴市场就更是如此。此外，进军技术革新激烈的领域也如同主动跃入风险的大海之中。即使能获得暂时的成功，市场上也随时可能出现改变竞争规则的新技术，因此总会受到威胁。

很多企业希望能够"利用"风险来增加利润，创造价值。无论是谷歌还是苹果，它们能成为世界顶级公司，靠的并不是规避风险，而是主动追求风险带来的结果。实际上也有著名管理者声称"失败是创新的证明"，采取积极迎接风险的态度。不过，面对风险一味突击猛进，恐怕只能摘到很小的果实。靠运气取得的成功，一般来说不会再次出现。

没有人能够完全洞察将来。将来的前途越是不明朗，企业就越会对下行风险感到担忧。但同样无法洞察的还有上行的潜力，获得成功的企业要比对手们更擅长追求不确定的上行潜力。他们在一种产品或服务成功之后立即转向其他产品或服务，在一个市场（部门）成功之后立即转向其他市场（部门），不断扩大业务范围，将遇到的风险都转化为成功。

那么，成功的企业和不成功的企业究竟有何区别呢？二者的不同之处很难用一句话来概括，但两者控制下行风险的同时抓住机会的管理技术肯定存在高低之分。秘密似乎就在投资决策的好坏之间。

本章首先参考麻省理工学院斯隆管理学院教授罗伯特·平狄克（Robert S. Pindyck）与普林斯顿大学经济学院教授阿维纳什·迪克西特 (Avinash K. Dixit) 合著的《不确定条件下的投资》（*Investment under Uncertainty*），简单介绍投资决策的要点，为之后的内容做铺垫。两位教授的著作已经成为不确定条件下的投资关系领域的经典，非常通俗易懂且具有实践性，在商务人士中备受推崇。

你真的了解"投资"吗?

▶ 投资决策的三个特征

几乎所有投资决策都在不同程度上拥有三个重要特征。第一个特征是投资"无法回归原点",即"不可逆性"。即使中断投资,之前投入的资金也拿不回来,即这部分资金会变成沉没成本。

民营企业的投资支出成为沉没成本的典型事例之一,是企业或行业的特异性投资。为市场营销或广告宣传所做的投资基本上属于企业特异性投资,是无法收回的。而为了从海底开采及生产石油而搭建的钻井平台则属于行业特异性投资的例子。

可能有人会觉得石油钻井平台虽然用途有限,但可以卖给同行业其他公司。这样确实也可以,但企业一般都是在石油价格下跌导致平台收益持续下降的情况下才会出售钻井平台。在这种情况下,石油平台的经济价值对于其他公司而言也是有限的。也就是说,即使可以卖掉石油平台,也很难收回当初投资的金额。

投资决策的第二个特征是，投资结果伴随不确定性。基本上不太可能准确预测投资能在将来带来多少利润。这一点不难想象。

第三个特征是投资的时机有自由裁夺的余地，即可以推迟决策。很多时候，投资的选项并不只是现在做或者不做某事。除了现在不投资就会永远失去机会的情况之外，其他的投资决策都可以推迟。晚一些决策，就可以获取更多信息，减少投资的不确定性。

但是推迟决策会伴随成本，因为这样会错过尽早开始投资原本可以获得的现金流量。另外在迟疑期间有可能就给了其他公司可乘之机。因此在决定是否要推迟决策时，必须衡量好这些成本与新信息带来的好处。

我作为风险资本家参与风险投资的过程中，经常能体会到投资的这三个特征。下面就以研发抗癌药物的生物创业企业为例加以介绍。

为了检验药物的安全性和有效性，必须招募癌症患者在一定期间内持续服用该药物（专业术语为"临床试验"）。一旦开始临床试验，公司就很难因为自己的原因中断试验。因为患者都是赌上性命来参加试验的。即使中断了试验，之前投入在临床试验上的资金也无法收回。与临床试验相关的大部分资金都无法收回，这是投资的第一个特征。

很明显，临床试验的结果是不确定的，这是投资的第二个特征。如果临床试验成功，药品可以投入市场，公司就有可能获得巨额利润。但如果临床试验以失败告终，之前的所有努力就全都化为泡影了。

临床试验并非不立即开始就会丧失机会，这是投资的第三个特征。当然，尽早开始临床试验，比竞争对手提前生产出产品，公司就能占有优势。但如果其他公司已经开始类似临床试验或者已经开始销售类似药物，企业就应该看清其趋势之后再决定自己是否进行临床试验了。此外，也可以根据其他公司开发或销售的动向，重新设计本公司的临床试验。

column 早进场未必总是好事

此处关于投资的第三个特征"可以推迟决策"再做一些补充说明。从战略角度来看，投资的时机未必越早越好。

"先发优势"（First-mover advantage）是管理学上的著名概念，其定义为"某家企业先于其他企业将新品类产品投入市场，从而在竞争中获得优势地位，在短期或长期内拥有优于其他企业的业绩"。需要注意的是，这并不意味着单纯的领先就能增加利润。

参考过去发生的一些事例可能更便于理解。在互联网产业的草创时期，有无数互联网公司率先实现新产品上市，但之后却走向穷途末路。很多率先进入市场的企业没有构建起稳固的地位，因无法收回投入技术研发和广告宣传的资金而走向破产。

相反，也有些公司晚于其他公司进入市场，之后与市场一起发展，最终实现独占市场利润。在我创作本书的时点，可以参考提供云存储服务的美国 Dropbox Inc 公司（虽然没有完全独占市场）的案例。用户安装该公司的应用程序，便可以将文档、照片、视频等各种文件通过互联网保存在 Dropbox 的服务器中。文件存储可以自动同步，用户随时随地都能用笔记本电脑、智能手机、平板电脑等终端打开文件。

Dropbox Inc 创立于 2007 年，在 Y Combinator [①] 的帮助下实现了迅速成长。Dropbox Inc 进入竞争激烈的云存储服务市场时间较晚，却已经展现出超越其他竞争对手的架势，跃居与谷歌、苹果、微软、亚马逊等 IT 巨头并肩的地位。虽然后发进入红海市场，但至少从短期来看，Dropbox Inc 还是取得了胜利。

那么，容易获得先发优势的条件和不容易获得先发优势的条件分别是什么呢？美国波士顿大学苏亚雷斯副教授和英国城市大学兰佐拉副教授提出的框架能够很好地回答这个问题。对获得先发优势可能性能产生较大影响的因素有两个，分别是"对象商品市场扩大的速度"和"商品核心技术进步的速度"。图表 4-1 展示了在市场扩大速度快和慢、技术进步速度快和慢的影响下可能出现的四种情况（环境）。在每种情况中，先发

---

① 美国硅谷的风险基金，是著名的创业企业孵化器。

企业拥有的管理资源的内容、规模和性质也是决定能否获得利润的标准。

四种情况中，企业在情况 I、情况 II 和情况 IV 比较容易获得先发优势。情况 I 中，市场和技术的变化都比较缓慢，先发企业也容易长期确保利润。由于市场成长速度慢，企业可能很难在短时期内建立较大的优势地位，但是先发企业更容易通过改良产品来适应市场需求，并根据需求变化来扩张生产能力。此外，由于技术进步速度慢，后发企业较难生产出差异化产品，即使后发企业实现了产品差异化，先发企业也能在其获得成功之前迎头赶上。

情况 II 中，由于市场急剧扩大，先发企业可以在短时间内构建起一定的顾客基础，享受先发优势。但要在随着市场的成长出现的新市场分区也确立竞争优势地位，先发企业必须拥有足够的管理资源来迅速扩大业务规模。如果在营销、流通、生产领域拥有充足的管理资源，就有可能长期保持先发优势。

情况 IV 与情况 II 相同，企业能够通过率先进入市场在短时期内享受先发优势。但由于市场和技术的发展都非常迅速，企业很难长期维持先发优势。技术迅速发展会导致现有商品或服务很快过时，被新产品或服务所取代。此外，在市场成长过程中新出现的市场分区具有更大魅力，会吸引后发企业参与其中。先发企业如果未能及时增强生产能力、扩充广告宣传手段，就难以在不断扩大的市场中维持竞争力。要摆脱这种逆境，长期维持先发优势，企业必须拥有远远多于竞争对手的管

图表 4-1　依据市场与技术的变化速度预测获得先发优势的可能性

市场扩大的速度

慢

情况 I："平稳型"环境

- 创新的效果长期持续
- 先发企业易于跟上技术变化
- 后发企业难以在技术方面实现产品差异化
- 先发企业应对新的市场需求的时间比较宽松
- 先发企业易于依据需求增加来增强生产能力
- 后发企业不可能获得飞跃性成长

- 先发企业能获得绝对优势
- 先发企业易于建立长期支配地位

慢（技术进步的速度）

情况 III："技术主导型"环境

- 新产品普及速度较慢
- 即使抢先进入市场，也需要一定时间才能获得收益
- 以新技术为武器的竞争对手不断出现
- 无论是先发企业还是后发企业都很难确立长期竞争优势
- 要获得长期的先发优势必须具有以下管理资源
  - 有充足资金保证企业可以撑到技术进步速度减缓
  - 有充足资金保证企业可以撑到自己的技术随着市场扩大而成为行业标准
  - 有足够的产品研发能力来维持等待期间的技术优势地位

- 短期内获得先发优势比较困难
- 没有雄厚的资金很难长期享受先发优势

快

资料来源：由笔者参考 2010 年 8 月《哈佛商业评论日本版》（DIAMOND 出版社）中的《The half-truth of first-mover advantage》（"先发优势"鉴真辨伪）（Fernando Suarez、Gianvito Lanzolla 著）制成。

快

情况 II：“市场主导型”环境

- 先发企业易于获得技术方面的竞争优势
- 由于市场急速扩大，先发企业保持优势的时间较短
- 先发企业要长期保持优势需要拥有以下管理资源
  - 营销力或品牌力
  - 流通体系
  - 生产能力

- 先发企业在短期内处于有利地位
- 拥有丰富管理资源的先发企业有可能长期维持优势

情况 IV “急剧变动型”环境

- 技术很快过时
- 即使在技术上暂时领先，也很容易被后续产品所取代
- 后发企业进入不断产生的新市场
- 先发企业要长期维持优势地位必须拥有非同寻常的管理资源
  - 营销力或品牌力
  - 广告宣传的覆盖率
  - 流通体系
  - 生产能力
  - 产品研发能力

- 先发企业的维持优势地位时间短且不稳定
- 长期获得先发优势是例外情况
- 如果没有占绝对优势的实力，还是早期撤出更明智

理资源。

如上所示，"只要先于其他企业进入市场，便可以无论短期还是长期都保持竞争优势"只是美好的幻想。企业应该综合考虑"由市场与技术决定的环境"和"企业现有的管理资源"，再判断应该先发进入市场还是后发进入市场，以及如果先发进入市场应该何时退出等问题。

▶ "灵活性 = 选择权"

平狄克教授等人的贡献之一是为人们提供了一种关于投资决策的新看法。他们依据投资的三个特征，系统地提出了"选择权"思维对投资决策的意义。选择权的存在意义重大，甚至能够逆转关于投资是 GO（进行）还是 NO GO（中止）的判断。

那么什么是选择权呢？一般来说，选择权就是"选择的权利"，是指在遇到机遇就去争取，而并非机遇时也可以放弃。选择权的特征是"权利"，而不是"义务"。

我们可以考虑企业获得投资机会时的情形。该企业可以通过投资随时（或在将来的某个时间点）获得某种资本。为了获取资本而选择投资是权利而非义务，企业不愿意的话也可以不投资。因此，获得投资机会的企业拥有选择权。换言之，该企业可以行使选择权（= 进行投资），也可以放弃行使选择权。

选择权具有"价值"，不过要以具备前文提到的三种特征的投资为前提。尤其是要了解到：企业可以推迟投资的时机，而且开始投资后，即使市场环境不佳导致业绩恶化也无法原原本本地收回投资。选择权的价值来源主要有两种。

首先，投资机会是提供给积累了优质管理资源的企业的战略选项。技术能力、专利、品牌、支配性市场地位、业务规模、业务范围、有权获取某些自然资源等管理资源能够为企业创造出其他企业无法比拟的宝贵投资机会。

其次，面对投资机会，企业可以行使选择权决定是否进行投资，以及决定投资的话选择何种时机投资。选择权的核心价值在于，可以只在投资有吸引力时进行投资，否则可以不投资。如果推迟进行投资，暂不使用选择权，就可以通过获得新信息来"灵活"地判断是否投资或投资的最佳时机[①]。选择权的价值归根结底就是"灵活管理"的价值。

▶ 灵活性价值左右投资决策

简单来说，对资本（生产设备、库存、建筑物等生产要素）的投资应该在满足下列条件时进行：

---

① 这并不意味着任何时候在不确定条件下推迟投资都是有利的。通过推迟投资来获得新信息，确实可能降低市场环境等的不确定性，但有时通过投资来积极获取信息效果会更好。因为无论是完成项目所需的资金成本还是时间成本，有很多在最初阶段都极不确定，只有在实际推进的过程中才能逐渐掌握。如果能否获得此类信息对项目具有决定性影响，不确定性的存在反而会促使人们立即决定是否投资。

投资该资本的预期价值＞获取和设置该资本的成本

也就是说，获取和设置资本需要花费成本，如果投资后可以获得高于这些成本的价值，就可以进行投资 。看起来非常简单的规则在现实中却并非如此。

正如前文介绍的，投资机会具有选择权带来的价值。但一旦实行投资，这种价值就不复存在了。因为投资无法原原本本地收回，决策便不再具有灵活性。实施投资意味着牺牲了选择权价值。在经济学上，选择权价值是投资的"机会成本"。

机会成本是经济学上的重要概念，是指"在选择了某种经济行为时，为此放弃其他经济行为而可能损失的最大利润金额"。例如说到上大学的成本，很多人马上会想到学费。但是，真的只有学费吗？如果不读大学而选择工作，应该会获得工资。选择上大学这一经济行为时，人们牺牲了参加工作可以获得的工资，这就是机会成本。上大学的成本，不只是学费，还必须包含去工作所能获得的最大收益。

同样来看对资本的投资，投资的成本不仅仅是获取和设置该资本所花费的成本，还包括"没有投资时所拥有的选择权价值（因为投资而失去的选择权价值）"。因此，合理的投资必须满足下列条件：

投资该资本的预期价值＞

**　　　获取和设置该资本的成本＋选择权价值**

　　如果预期价值高于"获取和设置该资本的成本与选择权价值之和"，就可以进行投资。因为要考虑选择权价值，因此实施投资的门槛提高了。

　　选择权价值相当高的情况也并不罕见。在符合管理需要及经济条件的前提下，选择权价值可以与获取和设置该资本的成本相等，也可能达到其两倍。例如，如果获取和设置该资本的成本是100，选择权价值为200也不足为奇。这种情况下，如果投资的预期价值低于300（=100+200），这笔投资就并不划算。在进行投资决策时，选择权价值是无法忽视的存在。

　　为了更便于大家切实理解这个道理，下文以结婚为例进行说明。结婚也可以说是一种投资。因为结婚前必须要有"求婚"的成本，为举办婚礼而花费的资金也是成本的一部分。并且，结婚也符合投资决策的三个特征。离婚可以解除婚姻关系，但在金钱、精神、社会方面都需要承担很大的负担，从这个意义来看，结婚是无法恢复原本状态的。此外，结婚会带来幸福还是不幸，这是不确定的。而且很多时候，是否结婚也是可以推迟决定的。

　　将结婚看作投资时，它符合投资决策的三个特征，因此决定结婚前应该考虑到选择权价值。等待遇到更好的结婚对象，这一点具有选择权价值。在不离婚的前提下，一旦结婚便无法再与其他对象结婚。因此，要决定与当前的对象结婚，两个人必须非常合得来，乃至甘心舍弃掉将来遇到更好对象的可能性（＝选择权价值）。

实际上，离婚的难度有高有低，"确定结婚所需的两人合得来的程度＝阈值"也会随之不同。例如，在出于宗教或文化背景难以离婚的社会[1]，选择权价值就要高于除离婚难易程度之外其他条件都相同的社会。因此在这样的社会，决定是否结婚的阈值更高，人们也会更为慎重。相反，在离婚不那么困难的社会，轻松结婚的情侣就会更多。

---

[1] 作为比较极端的例子，菲律宾是没有离婚制度的。

抓住不确定性背后的机遇

▶ 分阶段投资

投资有时需要"阶段性（逐步）、按特定顺序"地推进。例如，航空器制造公司推出新型客机要分多个阶段进行，包括进行市场调查与确定新机种规格、制定开发计划、设计及制造、实施各种测试等。经过一系列流程，到从当局获得型号合格证之前需要投入巨额资金。同样，制药公司研发新药的流程也分为很多阶段，包括寻找新药候补、制出研发化合物、非临床试验、临床试验（阶段 I ~ III）等。从开始研发到获取药品审核部门的认可可能长达十几年时间，不仅需要耗费巨额资金，研发成功率也非常低。

还有很多情况下的投资虽然没有像这样明确地划分各个阶段，但也是分阶段进行的。从立项到完成需要相当长时间的项目有时可能会中途暂停，之后再决定要继续还是放弃。这种情况下，项目也被看作是分阶段的。

阶段性投资可以在项目的每个阶段判断是否要进入下一阶

段。阶段性的推进方法可以提高项目抵御下行风险的能力。因为这样有助于预测到投资结束后项目的预期价值会下降，或者到投资结束为止所需的成本会增加等情况，如果判断的结论是投资的经济效益恶化，就可以中途停止项目。还有作为一次性投资可能并没有太大魅力的项目，如果能够通过分阶段投资抑制下行风险，便有可能创造出价值。也有些原本就十分有吸引力的项目通过阶段性投资会更具魅力。

▶ 不确定性带来的机会

读到这里有些读者可能会觉得难以理解：分阶段推进工作的做法非常普通，值得这样大书特书吗？那么，大家对"不确定性越高，阶段性投资带来的机会越多"这句话有什么感想？是不是觉得"不确定性增加，风险就会增高，机会怎么会随之增多呢"？

但机会确实会增多。要理解这一点必须认识到，分多个阶段进行投资时，当前的投资机会将会创造出下一步的投资机会。每完成一个阶段，就会产生下一阶段的选择权。而关键在于选择权的上行潜力和下行风险是不对称的。

下面以一个简单事例进行说明。某家企业计划开展家用机器人业务（以下称该企业为"机器人技术公司"）。机器人技术公司最初投资 2 亿日元建设运营了一个小规模研发中心，4年后再依据对该业务未来发展可能的预测，决定是否再投资 7

亿日元扩大研发中心。也就是说，该公司的投资过程分为两个阶段。通过第一阶段的投资完成前期准备工作，4 年后便可以寻找时机正式开展业务。第一阶段的投资带来了"第二阶段的投资机会 = 选择权"。

该业务伴有各种不确定性，不过此处做了简化，只考虑与市场增长率有关的不确定性。机器人将来应该会在普通家庭中普及，但是普及率不确定。因此，现时点对市场增长率的预测值是一个范围（有偏差）。不确定性越高，预测值的范围越广。这里要考虑两种情况。一种是不确定性相对较低时，预测市场增长率的范围是6% ~ 20%。还有一种是不确定性相对较高时，预测市场增长率的范围是 3% ~ 30%。

图表 4-2 为预期市场增长率（横轴）与机器人技术公司预期总利润（纵轴）的关系，体现了在特定市场增长率下，机器人技术公司可以从家用机器人业务中获得多少利润[1]。情况（a）不确定性较低，对应的市场增长率范围为 6% ~ 20%，机器人技术公司总利润预计为 0 ~ 14 亿日元。情况（b）不确定性较高，机器人技术公司最坏情况下可能亏损 3 亿日元，最多可获利 24 亿日元。

无论是情况（a）还是情况（b），只要 4 年后再次预测的市场增长率接近或超过 20%，就可以投资 7 亿日元扩建研发中心，因为预期利润要远远高于投入金额。不过两种情况下的增

---

[1] 原本应该以现金流量的现值为标准，此处暂时忽略逻辑上的严密性。

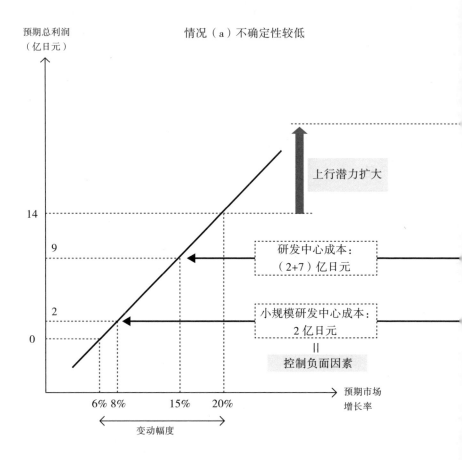

图表 4-2 通过阶段性投资将不确定性转变为机会

情况（a）不确定性较低

预期总利润
（亿日元）

14

9

2

0

上行潜力扩大

研发中心成本：
（2+7）亿日元

小规模研发中心成本：
2亿日元
||
控制负面因素

6% 8%　　15%　　20%　　预期市场
增长率

变动幅度

长数额大不相同，情况（a）中最多可获得 14 亿日元总利润，而情况（b）则最多高达 24 亿日元。

那么最差的情形又如何呢？情况（a）的最低总利润是 0 元，而情况（b）则会亏损 3 亿日元，情况（b）看似更不利。

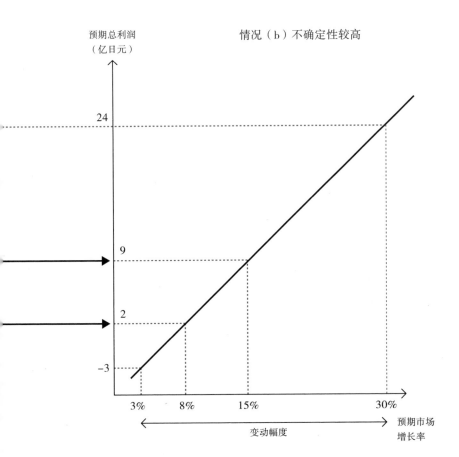

预期总利润
（亿日元）

情况（b）不确定性较高

24

9

2

−3

3%　　8%　　15%　　　　　30%

变动幅度

预期市场
增长率

不过此时便可以发挥选择权的作用。如果企业判断市场增长率低，该业务未来前景不佳，就没有必要扩张研发中心。如果选择放弃继续这项业务，无论哪一种情况下，企业损失的都只有当时投入的 2 亿日元。

如上所示，选择权对上行潜力和下行风险所起的作用并不对称。一般来说，它可以无限制地追求上行潜力，但承担的下行风险则是有限的。拥有阶段性投资带来的选择权，便可以在不确定性增加时，拥有更多的选择机会而不必承担额外的风险。

阶段性投资也有缺点。一个缺点是可能会缩小上行潜力。在企业阶段性推进投资的同时，其他竞争对手可能会趁机而入并夺走市场。即使没有出现竞争对手，顾客偏好等市场环境也可能发生变化，导致企业错失最佳机会。它还有一个缺点是可能会增加成本，因为将投资分割为几个阶段，可能导致规模经济效益难以发挥作用。

▶ 提升阶段性投资的效果

根据上述内容，下面来思考在何种情况下，企业可以通过阶段性投资获得更大优势。首先可以确定的是需要大笔投资来构建业务基础的情况。在阶段性投资中，决定中断项目时可以节约的潜在资金等于之后各阶段所需的投资额。因此，投资额越大，阶段性投资越有可能创造价值。资本密集型项目、大型技术研发项目、需要巨额营销投资的项目都属于这一类。此外，适合进行阶段性投资的还有能够抑制"竞争对手进入市场"的情况。前文介绍阶段性投资的缺点时也曾提到，其间可能会有竞争对手进入市场，如果企业能通过专利等方法构建壁垒，那么即使阶段性推进投资，竞争对手也不容易进入市场。

希望通过阶段性投资获得良好效果时，不要忘了那些具有极高不确定性的情况。例如在不确定销售额会不会顺利增长，不清楚研发能否成功等情况下，"小规模起步，之后酌情扩张"的战略非常有效。如果小规模起步发现产品销路不佳，将来也很难改善的话，可以暂时中止项目，防止损失进一步扩大。在此期间可以收集信息，判断是否要修正营销方法或产品设计，以及后续阶段是否继续投资等。同理，如果依据试验结果判断研发成功的可能性较低，最好暂时中止，重新修改方针。此外，即使研发有望成功，但如果产品的市场前景大幅下降，也还是中止研发比较妥当。

对风险投资（Venture Capital，VC）来说，阶段性投资也是比较理性的方法。一般情况下，风投不会在最初阶段就将预计投给创业企业的资金全额投入，而会分为几次阶段性投资。创业企业的业务在初创时期不确定性极高，随着不断获得新的信息，不确定性逐渐下降。如果新信息意味着该企业未来发展不乐观，风投可以停止对其继续投资。对于风投企业来说，"见风使舵"的机会具有重要价值。而且，不确定性越高，这个价值越大。这就是风投选择阶段性投资的原因。

风投的阶段性投资对创业者也有好处。获得风投的后续资助，是创业者努力提升业绩的强大动机。另外，风投在初期阶段投入的金额较少，创业者可以确保自己拥有较高的持股比例。随着业务的发展，企业价值增加，追加投资的"单价"上升，风投追加相同金额的投资也只能带来有限的持股数量增加。对本公司的发展前景充满自信的创业者更喜欢这种情景。

对高科技领域等失败率较高的产品研发来说，阶段性投资无疑也是很好的方法，不过为了获得更好的效果，还需要克服以下课题。在决定继续投资还是终止投资时，必须做出正确决策。有时项目已经出现了失败的征兆，项目经理却还是坚信它会取得成功。这也是第 2 章介绍的"证实偏差"这一思维定式的影响。人们能接受支持自己信念的证据或数据，却常忽视会成为反证的信息。这样导致的结果是，项目只是由于项目经理在公司内的权力而继续推进。如果无法识别这一点，那么即使实行阶段性投资，整个组织还是会在项目画上休止符之前损失大量的资金、时间和劳动力资源。

为了提高阶段性投资的效果，美国大型制药厂家礼来公司在 2001 年成立名为"Chorus"的部门，专门负责创新药物研发的初期阶段。Chorus 部门在研发初期评估新药候选的发展可能性，判断是否适宜继续投资。如果 Chorus 不建议继续投资，项目就不会进入研发后期阶段，礼来也就不必投入巨额的研发资金。

一般组织都会以追求成功为目标。无论"设定研发目标"还是"构建决策过程"，都是为了取得成功，根据只有取得成功才能获得回报的机制设计的。这样一来，企业在研发的初期阶段就十分重视如何推进到后期阶段，而未必能成功的投资项目也会被保留下来。不仅制药产业这样，包括娱乐产业在内的大量行业都是如此。

　　不过 Chorus 拥有单独目标和决策及共识形成机制，是一个"独立"组织。它负责设计及实施最适合用来评估候选新药产品化可能性的实验，并得出结论。最重要的是，无论实验证明产品化的可能性是高是低，都与 Chorus 的业绩没有关系。因为 Chorus 的职责就是客观地评估其可能性。实际上，Chorus 也不会参与候选新药品研发的后期阶段。此外，即使实验结果不尽如人意，Chorus 的员工们也会因为高效地得出了决定性结论而获得奖励。通过这种方式，Chorus 纠正了新药研发的初期阶段偏重成功而给研发过程带来的偏差，从而为提升阶段性投资的效果做出了贡献。

在全新框架下重新看待"选择权"

▶ 把技术研发看作选择权

　　本节将以 NASA 喷气推进实验室发布的报告资料为样本，介绍面对充满不确定性的未来的技术研发管理方法。NASA 与民营企业一样，也会受到运营资金的制约，因此不能将资金分散投入到所有高新技术研发，而是必须排出研发的优先顺序。在将来可以利用的资金和技术研发的可行性都不确定的情况下，NASA 应该如何进行判断呢？喷气推进实验室的报告对这一点做了研究。

　　NASA 的技术研发投资要面临两种不确定性。一种是技术研发能否在预定时间内以及预算之内取得成功（以下称为"研发风险"）。研发风险还包括在研发过程中发现其他更优秀的新技术，并将研发对象换为新技术更有利的可能性。另一种不确定性是，研发出的新技术有无实际应用的机会（以下称为"计划风险"）。即使研发获得成功，也并不能保证预计应用该技术的项目会按原计划实施。

面对这些不确定性，NASA 必须从诸多技术研发项目中选择合适的项目作为有限预算的投资对象，而且对研发时间长达数年的技术，还必须在距实际应用很久之前就决定是否投资。这种情况下的有效方法是将技术研发看作选择权。

这种思维方法将技术看作"研发成果不确定的资产"。推进技术研发投资的上行潜力是可以继续投资，最终由于技术研发成功而取得惊人的业绩或光辉的伟业。而与此相对的下行风险则是研发失败，一无所得。不过，失败造成的损失仅限于之前投入的资金。这个特征在前文介绍阶段性投资时已经做过介绍。本书将这种把技术研发看作选择权进行评估的方法称为"选择权思维"。

接下来在说明 NASA 如何将选择权思维应用于技术研发之前，先介绍 NASA 的"技术类型化"这一惯例。

▶ 技术类型化

NASA 拥有一套叫作"技术就绪指数"（Technology Readiness Level，TRL）的定性评价标准，依据成熟程度对技术进行分类。如图 4-3 所示，技术就绪指数共分为 9 个等级，例如第 1 级（TRL=1）是"发现及报告基本原理"阶段，具体包括从科学研究转向应用研究，以及用数学公式或算法进行表述等。

NASA 投资技术研发的目的是提高实施任务所需技术要素

图表 4-3　根据就绪指数对技术进行分类

就绪指数 /TRL	定义
第 9 级	成功运用于太空任务，通过航行证明实物系统的功能
第 8 级	实物系统完成，被认定为适合用于航行
第 7 级	在太空环境中验证系统原型机的功能
第 6 级	在与实际情况相近的环境中（地面或太空）验证系统或辅助系统的模型或原型机的功能
第 5 级	在与实际使用环境相近的条件下确认其作为元件或试验模型的功能
第 4 级	在实验室环境确认其作为元件或试验模型的功能
第 3 级	对关键功能或特征进行分析及实验，完成"概念验证"（Proof of Concept，POC）
第 2 级	技术拥有明确的概念或应用对象
第 1 级	发现及报告基本原理

资料来源：由笔者参考 NASA 资料制作。

的就绪指数。提高就绪指数就是使技术接近应用阶段。NASA在分配投资预算时会遵循大致标准，将约八成资金用于短期内计划实施的任务所必需的技术要素。此类技术的研发风险一般较低。而其余两成资金则会投资给在较远的将来预计实施的任务中可能会用到的技术要素研发。很多时候，此类技术要素的就绪指数较低，研发风险较大。

8 : 2 是很好的分配比例。哈佛大学商学院的教授们创建的战略咨询公司魔力特集团（Monitor Group，现在的德勤集团 Deloitte）称，他们以制造领域、高科技领域以及生活消费品领域的上市公司为对象的调查中发现，卓越的技术创新需要按照一定"法则"来确定资源分配的比例。在所有技术创新投资为 100 的情况下，将 70 用于逐步改善现有产品或服务，20 用于从现有业务向新业务扩展，10 用于创造前所未有的新市场和新产品或服务的企业在股票市场上的表现要好于同行业其他公司。也就是说，均衡的投资分配比例为 70 : 20 : 10。虽然该比例只是分析多个不同行业和地区得出的平均值，但谷歌公司的目标也是实现 70 : 20 : 10 的投资比例，因此这一结论并不缺乏普遍性。从一些实行技术创新管理的企业业绩来看，NASA 按照 8 : 2 的比例分配投资可以说是明智的做法。

对表现优异的企业来说，一成或三成的投资是其增长潜力的源泉，同样，对于 NASA 来说，"如何针对就绪指数较低、研发风险较高的技术要素进行高效投资"，即对两成的管理也是重要课题。NASA 采取了通过阶段性投资进行研发的方法。其具体做法如下。

首先，以较大范围的技术要素作为投资对象，将其开发到 TRL=2 或 3 的程度，接下来从中选取部分技术要素继续开发 TRL=6 的阶段。也就是说，需要在 TRL<6 的技术要素中选择继续开发至 TRL=6 的技术要素。最后再从 TRL=6 的技术要素中选择实用可能性较高的技术开发直至完成。[①]

像这样，前景较好的技术要素可以得到继续投资，而对前景堪忧的技术要素的投资则可以随时终止。这一过程中隐含选择权，这也是 NASA 可以运用选择权思维来评估技术研发的原因。

---

① 技术要素到达 TRL=6 之后，大多数情况下会使用计划应用该技术要素的任务预算来继续开发。此外，在 TRL=6 继续开发的情况下，预计应用该技术要素的任务终止实施的可能性会相对减小。也就是说，前文提到的"计划风险"也会下降。

从战略出发做选择

● 重新认识"灵活性"

　　面对高不确定性，NASA 可以选择"灵活地"处理问题，可以选择按照计划实施任务、暂时中止、完全取消或者改变内容，任务采用何种技术也拥有选择的余地。由于可投入新技术研发的预算有限，NASA 必须要在战略决策中最大程度地发挥"灵活性的价值"。

　　下面用一个简单的企业管理事例来具体说明灵活性的价值。有一个项目，初期投资需要 800 万日元。投资后预期会获得 5 000 万日元的收入。项目所需材料价格会根据市场行情而上下浮动，成本可能是 3 000 万日元或 6 000 万日元。3 000 万日元和 6 000 万日元的概率各为二分之一。那么是否应该实施该项目呢？

　　预期成本为 4 500 万日元（=3 000 × 1/2+6 000 × 1/2），从预期收入中减去预期成本费用，得到的预期利润为 500 万日元，无法收回初期投资的 800 万日元。因此，如果现在必须做出决策，那么答案就是不应该实施此项目。但如果可以等市场行情发生变化，与成本相关的信息更明确之后再决策，答案又会如何呢？

如果届时发现成本为 3 000 万日元，则预期利润为 2 000 万日元，高于初期投资的 800 万日元，此项目就可以实施。而如果成本为 6 000 万日元，会出现 1 000 万日元的亏损，那么不投资就不会蒙受这笔损失。推迟决策，获取关于成本的信息，就有可能获得实施项目的合理根据。这个价值正是通过灵活地进行投资决策所获得的。

再举一个其他例子。假设现在必须判断是否应该实施某个初期需要投资 100 亿日元置办生产设备的项目。该项目的经济效益情况如图表 4-4（a）所示。

外部环境是"好"还是"不好"会左右该项目的成果。外部环境好时（图表 4-4 Ⓑ）可以获得 400 亿日元或 150 亿日元的价值。前者概率为 0.6，后者概率为 0.4，因此该项目成果的价值期望值为 300 亿日元（=400×0.6+150×0.4）。而外部环境不好时（Ⓒ），虽然有 0.2 的概率可以获得 100 亿日元，但有 0.8 的概率会亏损 200 亿日元。此时价值的期望值为 −140 亿日元 [=100×0.2+（−200）×0.8]。

那么，综合考虑环境好和环境不好时的情况（Ⓐ），项目成果的价值期望值是多少呢？假设两种情况的概率各为 0.5，则价值的期望值为 80 亿日元 [=300×0.5+（−140）×0.5]。虽然结果是正数，但实施该项目前期必须投入 100 亿日元。因此可得出结论：该项目不应该实施。

下面再从灵活战略的视角来看这个问题。如果外部环境恶化，企业可以选择撤出项目。如图表 4-4（b）所示，假设撤出成本是 70 亿日元。外部环境好时的价值期望值仍为 300 亿日元（Ⓔ），但环境不好时如果花费 70 亿日元的成本撤出项目，则可以减少一半损失（70/140），而不会由于继续实施项目而亏损 140 亿日元（Ⓖ）。综合考虑环境好和不好时的情况，最终价值的期望值为 115 亿日元（=300×0.5-70×0.5）（Ⓓ）。这样的话，去掉初期投入的 100 亿日元还剩 15 亿日元，便会得出与之前完全相反的结论：该项目应该实施。

由于有了用 70 亿日元成本撤出的选择权，本来不应该实施的项目便增加了一些魅力。如果能根据不确定的外部环境，灵活地做出恰当判断，这个项目就可以创造出价值。这就是灵活性带来的效果。

不过如果撤出成本不是 70 亿日元而是 120 亿日元，情况就不同了。项目预期价值会变为 90 亿日元（=300×0.5-120×0.5），低于初期投入成本 100 亿日元。即使拥有撤出的选择权，也不应该实施项目。[①]

这个事例只是单纯地设定企业拥有撤出选择权，但实际上

---

① 在已经投入 100 亿日元生产设备投资的情况下，需要 120 亿日元成本的撤出选择权仍然是有价值的。因为环境恶化时，与继续实施项目损失 140 日元相比，损失 120 亿日元从中撤出要更好一点。不过本文设定的情景是在投入 100 亿日元生产设备之前。

图表 4-4 灵活且适当的判断可能会改变投资评估结果

（a）没有撤出选择权

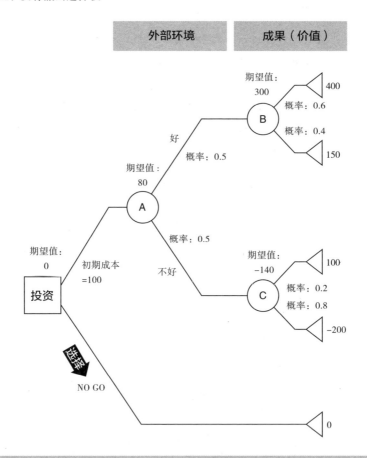

| 外部环境 | 成果（价值） |

投资评估

（400×0.6+150×0.4）×0.5+［100×0.2+（−200）×0.8］×0.5−100=−20 ＜ 0

不批准投资

注：除概率外，其他数字的单位均为亿日元。

（b）拥有撤出选择权

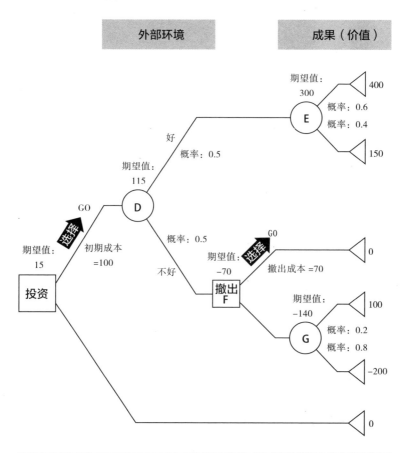

外部环境　　　　　　　　　成果（价值）

期望值：300　400 概率：0.6 概率：0.4　150

好　概率：0.5

期望值：115 D

GO 选择

期望值：15

初期成本 =100

概率：0.5

不好

期望值：−70 撤出 F

GO 选择 撤出成本 =70　0

期望值：−140 G

概率：0.2　100 概率：0.8　−200

投资

0

投资评估

（400×0.6+150×0.4）×0.5−70×0.5−100=15 ＞ 0

批准投资

做出撤出决策非常困难，必须还要考虑"不撤出时的潜在的选择权"。有时即使暂时亏损也不撤出项目，继续推进就有可能再次找到能创造利润的机会。这也具有选择权的价值。

假设企业决定撤出当前业务，关闭工厂并解雇员工。撤出业务意味着失去之前建立的品牌影响力和市场地位。关闭工厂不仅意味着放弃工厂里的设备，多年积累起的操作技术也失去了再次施展的机会。解雇员工意味着员工只能带着本公司的技术和专业知识分散到其他公司。如果之后市场环境好转，效益预期大幅改善时又该怎么办？一旦撤出就很难复活。重新开展业务需要相当大的成本、时间和思想准备。

而如果继续经营业务，情况就会完全不同。当市场环境好转时，企业便可以比较轻松地使业务返回增长轨道。选择继续经营，就可以拥有在将来再次创造利润的选择权。再次获得利润的价值只有坚持继续经营才有可能实现，而选择撤出的话，这个可能性基本就没有了。决定是否撤出，就是不得不决断要保留还是放弃这个选择权。

▶ 评价单项技术的潜在价值

深入了解了灵活性的价值（＝选择权价值）之后，现在再来看如何运用选择权思维对新技术研发进行投资的问题。用这个方法选择投资对象，必须预测该技术的潜力，即新技术研发成功后在任务中得到应用所能带来的潜在价值。用"潜在价值"这个词，是因为无法确保技术研发一定成功，而且即使成功，最终是否将此新技术应用于任务也可以灵活选择。[①] 评价新技术时需要衡量灵活性的价值。优先开发潜在价值较高的技术，就可以有效利用有限的投资预算。

下面对用来评估新技术潜在价值的框架做以简要说明。

具体的评估步骤可以参照图表 4-5，首先需要确认评估的目标和因素。要发现新技术研发的潜在价值，只需找到应用新技术的任务的预期优势，与只利用现有技术实施同一任务时进行对比。也就是需要预测新技术比现有技术可以多创造多少优势。具体来说，主要需要讨论以下三个构成要素。

1. 新技术可以使任务自身的价值提升多少？

2. 使用新技术的任务成本是多少？新技术是否有助于削减成本？

3. 新技术研发需要多少资金？

---

① 在极端的情况下，新技术可能在研发初具眉目时就已经变为无用之物。例如，这在机器人技术研发当中是一个现实问题。近年来机器人技术进步显著，企业独自研发变得越发困难。因此，欧美企业除了依靠并购来增强研发能力，还会通过机器人设计竞赛聚集专业知识、提高基础技术水平，从而缩减从研发到实际应用的时间和成本，这可以说是一种"开放式创新"。然而日本企业在研发时还是倾向于自己负担所有成本，并将研发出的技术归为己有。这种模式虽然可以提升技术竞争力，但也增加了研发所需的时间和成本。倾注大量心血研发的机器人到达实用化阶段时已经落伍，企业很可能因此而被欧美竞争对手甩在身后。

　　图表 4-5 从直观上体现了新技术 T 会潜在地为某任务带来的价值，其中也考虑了以上三个要素。为了便于理解，该图表简化为两个时期，分别为"时期 0（＝现在）"和"时期 1（＝将来）"。

　　图表 4-5（a）是依靠现有技术的情况,（b）是研发新技术 T 的情况。无论在哪一种情况下，任务自身的价值从时期 0 到时期 1 都会发生变化。例如，如果先实施的太空探测任务获得了预期之外的科学发现，就会影响到之后计划实施的任务的重要性，有时甚至还会从根本上改变任务的优先顺序。因此任务自身的价值在时期 0 到时期 1 之间可能会增加或减少（图表4-5 Ⓐ、Ⓒ、Ⓓ）。

　　在情况（b）中，利用新技术的任务价值会不同于只利用现有技术的任务。依靠新技术有时可以拓宽探测活动的可能性，而只以降低成本为目的的新技术则不会带来任务自身的价值的变化。

　　除任务自身价值以外，还必须考虑任务成本和研发资金。情况（a）体现了任务只依靠现有技术所需的成本。由于不进行研发，所以也不需要讨论研发资金。

　　而情况（b）需要阶段性技术研发投资。在第一阶段新技术 T 的就绪指数为 2 或 3，需要投入研发资金使其升至 TRL 6（Ⓑ）。新技术研发的第二阶段，从 TRL=6 提升至实用等级的成功率基本为 100%，如第 252 页脚注所述，这一阶段的研发资金由任务的预算负担，因此可以划分到任务成本中。此外，如果新技术能够降低成本，也需要在任务成本中体现出来。

下面再解释一下图表 4-5（b）。首先，"TRL=6 之前的新技术研发是否成功"会在Ⓑ处分开，接下来，"任务自身的价值是增加还是减少"又会分别在Ⓒ、Ⓓ处分开。在"新技术研发成功"之后，还可以选择是否在任务中应用新技术（Ⓔ、Ⓕ）。最终结果共有 α、β、γ、δ、ε、ζ 六种。

研发无论成功还是失败都需要成本，因此 α ~ ζ 中的任何一种结果都需要投入研发资金。特别是 ε 和 ζ 由于新技术研发失败，只能依靠现有技术，但研发过程中投入的资金是无法收回的。情况（a）中没有的研发资金负担在情况（b）中发挥了负面作用。

另一方面，情况（b）的优势是通过投入研发资金创造了"运用新技术"的 α 和 γ 两种结果。α 和 γ 在任务中应用了研发成功的新技术，预期可以获得较高利润（＝任务自身价值－任务成本－研发资金）。关于这些选项的价值，可以用与前文提到的撤出选择权的事例相同的方法来评估。新技术研发带来的利润是否足够弥补需要负担的研发资金，这一点决定了情况（b）是否比情况（a）更有利。

如果情况（b）计算得出的"预期利润"大于情况（a），说明新技术 T 具有潜在价值。两种情况差异值（正数）越大，新技术的潜在价值就越高。不过要注意到，用这种方法求出的潜在价值是以任务得到实施为前提的。也就是说，如果任务得以实施，便有可能产生这么多的利润差。而实际上由于并不确

图表 4-5 评估技术研发带来的灵活性的价值

（a）依靠现有技术，不研发新技术 T

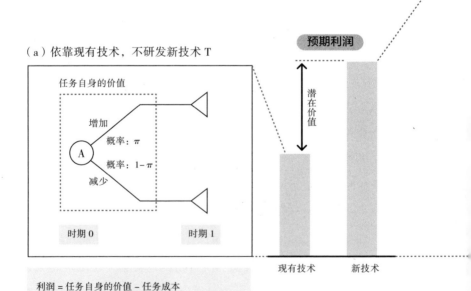

利润 = 任务自身的价值 - 任务成本

资料来源：由笔者参考 Robert Shishko and Donald H. Ebbeler. Jet Propulsion Laboratory,
California Institute of Technology "A Real-Options Approach for NASA Strategic
Technology Selection" 制成。

（b）研发新技术 T

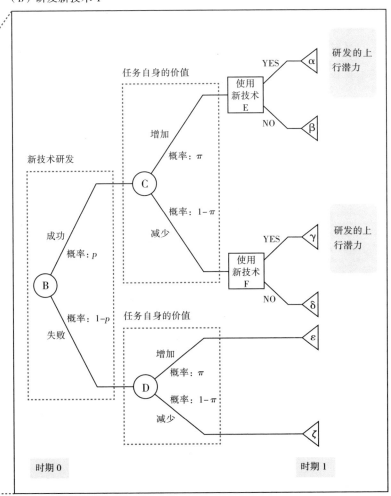

利润 = 任务自身的价值 – 任务成本 – 研发资金

定任务是否会实施，因此要得出"真正的潜在价值"，计算时还必须加上任务实施的概率。

　　此外，还必须考虑如何有效地使用预算。也就是说，在新技术真正潜在价值较高的同时，还要能将研发资金和成本控制在相对较低的水平。如果新技术 T 满足这些条件，就应该优先着手进行研发。

事例

4

火星取样
返回任务
需要哪些技术

　　该部分介绍了运用选择权思维的事例，是 NASA 喷气推进实验室根据选择权思维针对火星取样返回任务实施的分析。无论是对 NASA 还是对民营企业而言，是否应该"研发风险高但具有重要战略地位的技术"都是会左右其发展的重要管理课题。选择权思维可以在此类决策过程中发挥重要作用。

任务概要与分析对象

火星取样返回（Mars Sample Return，MSR）任务旨在采集火星的土壤、岩石或大气样本并将其带回地球。通过这些样本有可能找到火星上有生命存在的证据或过去曾经有生命存在的痕迹，因此普通人对火星取样返回任务也非常关注。

火星取样返回被视为行星科学最应该优先实施的任务，过去曾规划了各种内容。但由于预算或是技术水平的限制，火星取样返回至今仍未实现。较为初期的火星取样返回计划曾经设想了以下步骤。

· 向火星发射探测器，探测器上搭载漫游车和用于样本采集的火星上升飞行器（Mars Ascent Vehicle，MAV）。探测器在火星着陆后，放出漫游车。

· 漫游车采集样本后，将其运至火星上升飞行器的容器中。

· 火星上升飞行器离开火星地表，将装有样本的容器投入环火星轨道。

·几年后再次向火星发射探测器。该探测器由两个作用不同的部分构成。

·构成该探测器一部分的"着陆器"与最初的着陆器一样（从其他地点）采集样本并将其投入环火星轨道。

·构成该探测器另一部分的"返回地球的宇宙飞船"与"被投入环火星轨道的装有样本的两个容器"会合，回收容器。

·使"返回地球的宇宙飞船"返回地球。

喷气推进实验室以上述步骤为前提，对两项相关技术做了分析。两项技术的 TRL 均小于 6。其中一项为"低温及低质量推进系统"，主要作用是削减火星取样返回任务的成本。在火星上升飞行器上应用该技术可以实现探测器的小型化，从而减少成本。另一项为"轨道上自主会合与对接技术"，是返回地球的宇宙飞船回收轨道上的样本容器时不可或缺的技术。大多数比较现实的火星取样返回任务的基本设计概念都是没有这项技术就无法成立的。

灵活性的价值

投资研发低温及低质量推进系统可以通过削减成本来增加利润，但同时也必须支付研发成本。只有研发成功才能真正削减成本，而无论研发成功与否都需要支付研发成本。因此，判断是否要投资该系统的研发，要看成本削减数额按照研发成功概率（达到 TRL=6 的概率）折算出的数额是否高于研发费。如果折算后成本削减数额高于研发成本，低温及低质量推进系统便能创造出正的选择权价值。只有选择权价值为正时，该技术才能被列为研发投资的候选对象。

喷气推进实验室的分析报告指出，通过低温及低质量推进系统有望实现的成本削减数额不足以创造选择权价值。即使该系统的研发 100% 能取得成功（即在图表 4–5 中，$p=1.0$），预期削减的成本数额也无法创造出选择权价值。而实际上，成功概率预测为 $p=0.4$，该技术削减的成本必须达到当前数额的 2.5 倍以上，才能获得正的选择权价值。

虽然很多不确定因素（概率变量）会导致分析结果并不一定绝对正确，但要实现 2.5 倍的削减金额绝非易事，因此这个结论也很难推翻。最终，对低温及低质量推进系统的投资自然没有获得通过。

同样，针对"轨道上自主会合与对接"技术，判断标准也是按照研发成功概率折算出的利润增加值是否高于研发成本。喷气推进实验室得出的结论是，在研发成功概率 $p=0.64$ 的前提下，会合及对接技术的选择权价值是 3 300 万美元。也就是说，对该技术的研发投资值得讨论。

喷气推进实验室同时还进行了净现值（NPV）分析，结果为 –2.28 亿美元。依据净现值分析的结果，应该驳回对会合及对接技术的研发投资提案。但由于选择权价值是正的，还是应该继续讨论投资。为什么两种分析会得出不同的结论呢？

这个差异源自战略决策的灵活性。选择权价值意味着拥有在任务中应用会合及对接技术的"权利"，并不一定必须完成该技术的研发并将其应用于任务，如果判断该技术的经济效益较差也可以停止研发。而依据净现值进行评估只能按照以"应用技术"为目标的既定路线一直进行到底。在战略制定或管理决策中引入选择权思维的意义在于将灵活性可能带来的价值纳入评价标准之中。

利用金融技术促进技术研发

作为曾在管理咨询公司和投资银行工作过的专业人士，我坚信金融技术可以优化组织的决策能力，大幅提升企业竞争力。选择权思维的基础"实质选择权"（Real Option）就是代表性金融技术之一，它将管理与金融艺术性地融合在了一起。选择权思维是推动企业"创新性技术研发"的有效工具，本事例介绍的喷气推进实验室的尝试便体现了它的这一作用。

对于研发型企业而言，技术研发是管理工作的重中之重，管理人才关注研发战略与金融工具的关系也具有重要意义。人们常认为技术研发等一线工作与金融无关，因此对将选择权这种金融思维的产物在位于管理核心地位的研发战略中的应用感到十分新奇。不过正因为选择权思维尚未普及，熟练运用它的企业才能有机会形成优势。

现在发生的事情会改变将来

本章介绍如何通过潜在的选择权来最大限度利用增长机会，特别是如何提高技术研发的潜力。很多时候，选择权的存在具有很大影响力，会左右人们在决策时的选择和判断。本节会进一步扩宽视野，考虑选择权的应用。

NASA 过去倾向于单独制定不同探测任务方案，近年来则改为从整体战略出发来设计系列探测任务。过去制定太空任务方案，主要是讨论每个任务的条件定义、预估成本，但对一些以科学发现为目标的项目来说，这还远远不够。为了合理地设计将来的任务，还必须体现出先行任务获得了哪些发现。

虽然先行任务中获得的发现一定会影响接下来的任务，但其成果并不只有一种可能。成果具有不确定性，可能是预料之外的重大发现，也可能只是意料之中的成功，甚至还可能以失败告终。因此必须根据先行任务可能取得的所有成果来设想下一次任务会面临怎样的选择。例如假设第一次火星探测任务发现了一个暗示火星上可能存在水的区域，那么如果该区域的信息模糊不清，第二次任务的首要任务就是发射火星探测车，使其边移动边锁定存在水的可能性较高的地区。如果第一次任务就已经准确找到了相关区域，那么第二次任务只要使着陆器在此区域着陆进行调查就可以了。

从较高的视点将一系列任务作为整体去看，便能考虑到先行任务与后续任务之间的关联性以及多个后续任务之间的关联性。特别是正如前文所述，需要考虑能否根据先行任务的结果"灵活地"更改之后的任务。此外，"技术研发能否成功的不确定性""任务能否真正按计划实施的不确定性"会随着时间的推移而解决，因此也要考虑能否根据这些变化"灵活地"重新设计将来的任务方案。整体任务中潜在着选择权，应该意识到选择权的存在，实现任务设计的整体最优化。

最优化的结果便是确立了选择判断的"战略"。战略就是形成决策的规则，来解决如何设计最初的任务、如何根据预测的各种成果设计第二次任务方案，以及如何设计之后的任务等问题。任务的总数在过去是确定的，但选择权思维则应该依据决策战略来灵活确定。此外决策时不仅要注意"前项"会影响"后项"，也要留意相反的情况。例如，与后续任务相关的选择权可能会影响最初任务的最优选择 。[①]

存在潜在选择权时，最重要的是顺应不确定性来灵活决策。商务场合也常会遇到这种状况，前文提到的撤出战略就

---

① 高考的例子也能反映这个道理。在只有一次高考机会的情况下，谁都会报考自己有把握的学校。但如果拥有多次机会，那么就有可能在第一次报考时挑战一些高出自己水平的学校。

是一个很好的例子。讨论是否撤出应该考虑周全，除了撤出本身，还有撤出之后业务重建的可能性（灵活性）也要深思熟虑。

各种行业在实际决策时都会考虑选择权的价值。下面举几个具体例子。

·有一项技术虽然很新，但在汽车市场中缺乏价格竞争力，因此只考虑汽车市场时，不应该投资此项技术。但是，未来可能会出现新法令，如能实施，该技术的使用范围就可以扩展到其他市场，因此最终获得了投资。

·有一项新研发的医疗诊断技术，除了市场尚未确立之外，该技术还与企业现有技术存在竞争关系，将来可能会互相争夺市场，因此很难找到投资该技术的合理依据。不过出于管理战略上的理由，管理层还是决定投资该项技术。

·制药企业为了促进研发，经常会与生物科技企业或大学签订共同研究的合约。其目的多是开拓初期阶段的研究领域，研究取得成功、研发出新药投入市场的可能性非常低，而且即使研究进展顺利，也需要相当长的研发时间和巨额的研发资金。因此，双方一般都会约定在研发进行到一定阶段时重新修订合约。

·获得其他公司客源的常见手段之一是企业收购。收购方企业可以获得之前未能开发的客户层，开展新的战略，业务有望获得相乘效果。即使价格高于被收购企业现有业务的价值，如果将相乘效果考虑在内就也变得合理了。

·机电企业对"夕阳产品的核心技术"是选择自己继续研发，还是委托给其他企业，有时会左右企业的命运。因为以这项技术为基础有可能不断开发出新的电子产品，如果选择委托给其他企业，自己就会逐渐丧失内部的技术专业知识，最终导致遭受致命打击，类似的情况也并不少见。

灵活决策具有重要价值。判断即将进行的交易是否合理，或者能否更具吸引力时，预测它将来会产生哪些灵活性将是不可或缺的思考过程。

5

优先顺序法（2）

——追求价值方面的经济效益

　　第 4 章介绍了运用选择权思维排列优先顺序的方法，本章还将介绍喷气推进实验室建立的另一套讨论技术研发优先顺序的方法。本书将这种方法称为"任务最优化思维"，它能用来确定某一特定任务的最优技术组合方式，与选择权思维可以起到互补的作用。实践这一方法需要丰富的创造力和高超的理论构建能力，不过与技术色彩浓厚的选择权思维相比，更容易理解和体会。

　　本章的后半部分利用任务最优化思维对火星地表探测任务进行分析，学习喷气推进实验室为了对任务所需技术研发进行排序而设计的技术评估法。第 1 章到第 3 章介绍的各种技巧都能为这些分析提供支持。

　　民营企业对稀缺管理资源的最优分配与火星探测任务的事例有相同之处，二者都必须利用有限预算创造出最大成果。对随时处于充满不确定性的环境之中的企业来说，NASA 所创造的管理方法具有很大启示。

用经济学"定式"作武器：任务最优化思维

▶ 双刀流剑术

选择有发展前途的技术要素投入研发资金，其实就是决定将哪些技术要素组合在一起作为投资对象，相当于构建技术投资组合。前一章介绍了如何运用选择权思维选择加入投资组合的技术，评估的是单项技术的潜力。从其他角度来看，还可以发现另一种思维方法。

图表 5–1 的分析框架以"有发展前途的技术要素"与"将来有可能实施的任务"为切入口，展示了构建技术投资组合的两种思维方式。纵向是选择权思维，以技术为单位进行讨论。在技术要素 T_1、T_2……T_n 中选择技术 T_j，考察它能为将来计划实施的任务 M_1、M_2……M_m 做出多少贡献。预测每种技术要素对所有任务的贡献并求出总和，从所有技术要素中优先选择贡献总和数值较大的技术要素。

横向则是以任务为单位来实现最优化，分别以 M_1、M_2……M_m 为对象（例如 M_i），考察在各个任务中技术要素 T_1、

$T_2\cdots T_n$如何组合才能发挥最大作用。本书中将这种思维方式称为"任务最优化思维",其内容相当于"如何在约束条件下进行选择",这几乎是所有经济问题的本质。

任务最优化思维依据任务目的来定义判断效果高低的评估标准,通过其最大化(或最小化)来实现任务的最优化。实现任务最优化思维的关键在于,其使用的评价标准对科学家、技术人员和项目管理层都具有明确意义。此外,有时要追求的并

图表 5-1 从两个方向确定优先顺序

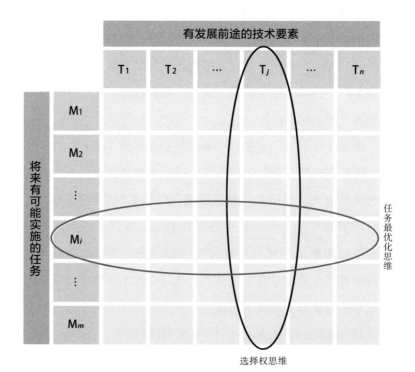

选择权思维

不是单一任务的最优化，而是多个任务的整体最优化。

选择权思维与任务最优化思维互为补充。利用选择权思维来处理多项有发展前景的技术要素，利用任务最优化思维来处理多项任务，再用得到的结果进行检验。这样就可以得到重要线索，从而确定技术要素与任务的最优组合。最理想的状态是像双刀流剑客一样，把选择权思维和任务最优化思维组合运用。

▶ "雷鸟神机队"的启示

为了加深对任务最优化思维的理解，可以借助一部有名的电视剧的设定说明。和我差不多年纪的读者，尤其是男性读者，小时候一定都曾痴迷于系列电视剧《雷鸟神机队》。1965年，《雷鸟神机队》在英国首播。日本于1966年首播之后又数次重播。日本 NHK 电视台还从 2015 年起开始播出《雷鸟神机队》的重制版。

该剧讲述了一个自称为国际救援队的神秘组织的故事，其中有从雷鸟 1 号到雷鸟 5 号的最尖端交通工具出场。无论世界何处发生事故或灾害，只要灾难中面临绝境的人发出求救信号，负责收集信息的空间站雷鸟 5 号上的机组人员都能听到，并联系国际救援队总部。之后超高速航天飞机雷鸟 1 号便会出动，将机组人员送达事故或灾害现场，向总部汇报情况。总部会根据现场情况选择装有全套救援设备的集装箱，由超音速大型运输机雷鸟 2 号送到现场，并协助雷鸟 1 号展开救援。此外还有负责太空救助的太空往返飞机雷鸟 3 号和负责海中救助的高速潜艇雷鸟 4 号。

雷鸟 2 号体现了任务最优化思维的概念。国际救援队必须处理陆、海、空以及地下和太空发生的各种事故或灾害，因此所需的救助设备也各不相同。如果雷鸟 2 号可以随时将所有装备送到现场自然好说，但实际上再大型的运输机也做不到这一点。因此国际救援队出发时必须从多种救援设备中选出"集装箱容量允许范围内""最适合此次救援任务的"救援设备，也就是根据任务进行选择。具体来说，例如地下任务就要选择以喷气钻为中心的救援设备组合。

国际救援队的情况可以与 NASA 比较。国际救援队的任务是应对当前发生的事故或灾害，为了救出求救者，需要在集装箱容量允许范围内（＝约束条件）选择带到现场的救援设备。而 NASA 的任务则是设想将来计划实施的太空探测内容，为了确保成功，需要在预算允许范围内（＝约束条件）选择新技术进行研发。二者的情况从表面看来完全不同，但都具有为了完成任务，必须在一定的约束条件下做出最优选择的相同点。

民营企业也是如此，图表 5-1 中的 M 可以替换为"业务战略"或"项目"，T 可以替换为"资金以外的管理资源"。企业需要有选择性地对研发、生产、营销等各环节所需的管理资源投入资金，实施业务战略或商业项目。资金是有限的，因此企业必须在这一约束条件下对资金进行最优分配，增加业务或项目的价值。此外，除单独的业务或项目以外，多个业务或项目构成的投资组合也可以运用任务最优化思维来实现资金的最佳分配。

任务最优化思维的应用范围极广，非常适合用来解决管理层在日常工作中常会遇到的选择问题。

四个步骤实现最优化

● 找到理想的资金分配方式

本节介绍任务最优化思维的大致流程，通过行星探测任务简要介绍其整体框架，具体流程留在后文的事例 5 中介绍。

假设技术投资预算有限，需要从 T_1、T_2……T_n 中选出最适合任务 M_i 的技术要素进行投资。这里就选择 T_2、T_3、T_7 这三个技术要素进行讨论。如图表 5-2 所示，讨论步骤大致分四步。

步骤 1：针对 T_2、T_3、T_7 设定多种预算分配方式。可以三种技术平均分配预算，也可以将预算重点分配给其中一种或两种技术。这一步的关键是既要控制分配方式的数量，又不要漏掉理想的分配方式。

步骤 2：确定增加投资给技术特性带来的变化。可以像第 1 章中介绍的，通过征求专家意见等方法预测特性的变化。技术特性包括质量、功率、成本、可靠性、准备完成时间、使用寿命、性能、研发成功率等。

以性能为例，图表 5-2 的步骤 2 中，性能特性的变化有 a、

图表 5-2 任务最优化思维的讨论步骤

步骤 1

设定预算分配方式

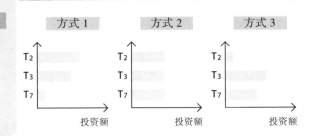

步骤 2

技术特性变化

预测投资带来的

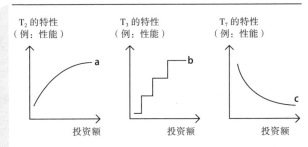

步骤 3

活动的可能性

预估科学探测

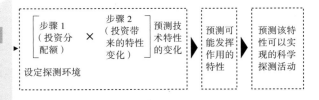

▶针对步骤 1 中的各预算分配方式，预测科学探测活动的可能性

步骤 4

相对评价

对科学探测活动的价值进行

▶（考虑风险的基础上）预测探测活动
可获得的科学成果

▶预估任务成本

算出评价标准

▶从所有预算分配方式中，选择能使评价标准最大化的方式

b、c 三种情况，均能体现出增加投资带来的性能改善。曲线 c 呈下降趋势可能会使有些读者感到奇怪，这种情况可以将纵轴看作太空探测器的预定着陆地点与实际着陆地点之间的距离（着陆误差）。随着横轴的投资额增加，着陆技术得到提升，纵轴的着陆误差就会缩小，代表这种情况的曲线就是向右下方倾斜的。

步骤 3：综合考虑"投资可能带来的技术特性变化"与"探测环境"，预测可以实施哪些科学探测活动。例如，假设 NASA 计划投资太阳能电池大型化技术（T_2）与太阳能电池效率提升技术（T_3），最终将搭载有大型高效太阳能电池的探测车送入某行星。如果能预测出探测现场接收的太阳光（＝探测环境的重要因素），就可以试算出通过这两项技术能为探测车供应的电力。知道供应电力，就能预测出探测活动的持续时间以及可以实施的探测项目数量。

步骤 4：将可实施的科学探测活动与任务的"价值"联系起来。通过探测活动可以收集各种科学数据，这些成果需要换算成价值。这项工作难度较高，无法完全排除主观因素。例如能收集数量庞大但附加值较低的信息和信息量很少但能掌握外星生命体迹象，在这两种情况之中，并没有绝对标准来判断哪种的价值更大。尽管如此，要合理地选择适合任务的技术要素，还应该尽可能客观地量化活动的价值。

其具体方法就是确定一个能够反映任务价值的评价标准。科学探测任务的价值自然应该与探测活动的效果直接联系在一起，但评价标准并没有固定的答案，而是应该结合任务的目的，根据具体情况制定兼具创造性与逻辑性的标准。

如果能用评价标准量化任务 M_i 的价值，就可以从步骤 1 中针对 T_2、T_3、T_7 设定的多种预算分配方式中，选出能使标准最大化（或最小化）的分配方式。再对 T_2、T_3、T_7 之外的其他技术要素组合进行同样的操作，从所有选项中选出能使标准最大化（或最小化）的分配方式，便可以确定任务 M_i 的最优技术要素组合以及对各技术要素的预算分配方式。这就是任务最优化思维的展开方式。

现实中还会遇到诸如构建分析模型等很多难题。模型的构建方法已经超出经管书的讨论范围，在此就不做深入说明了。虽然实际构建模型是软件技术人员的工作，但管理者也不能完全放手不管，而是应该掌握整个过程中的关键点。

▶ 设定评价标准的秘诀

步骤 4 使用的评价标准的典型例子是"科学成果 ÷（任务成本 + 技术研发投资额）"，它可以体现出投入探测项目的资金（成本及投资额）带来的预期回报（科学成果）。

该方法与投资回报率（Return On Investment，ROI）的想法比较类似，投资回报率是衡量资本收益性的财务分析指标。不过两者从投资评价的角度来看具有本质区别，它们对创新的阻碍程度可能存在不同。

《创新者的窘境》(*The Innovator's Dilemma*)作者哈佛大学商学院教授克莱顿·克里斯坦森指出，企业过分依赖投资回报率等"以利润为分子的财务指标"会导致创新走上歧途。创新包括形成新市场的"突破性创新"、构成竞争力的"持久性创新"、有助于创造现金流的"效率化创新"这三种形态。破坏性创新对企业成长和创造就业岗位来说不可或缺，但如果偏重净资产回报率（Return On Net Assets，RONA）、投资资本回报率（Return On Invested Capital，ROIC）等比率指标进行投资决策，就会最优先进行效率化创新。突破性创新即使有幸成功，也要到 5 或 10 年之后才能获得收益，很难使比率指标的分子（利润）增加，也不太能预期会改进比率。但推进效率化创新就可以通过压缩资本或成本，相对比较容易提高比率数值。

像这样，以利润为分子的比率指标不利于对将来才能带来现金流的突破性创新的投资。因此必须努力提前看到创新的价值，其解决方法之一就是导入"科学成果"等非财务概念来代替利润。

非财务概念也必须量化之后才能够用于比较。科学成果的量化方法虽然没有一定之规，但无论哪种方法都要确保不同任务之间能够进行相对比较。例如，可以依据"优先度"的高低对科学目标分配数值。NASA 任务的优先度由科学界决定。此外，也可以使用根据任务成果能够获取博士学位的人数或向专业期刊投稿的论文数来衡量。

还有另一种方法，是将科学成果分解为"数据量 × 数据品质 × 实现可能性"等构成要素。此时，数据量越大、数据品质越高，则科学成果越大。如何将数据量或数据品质数值化需要费心思考，也可以采用在 0 ~ 1 的范围内打分的方法。

要乘以"实现可能性"是因为有些任务的科学成果需要针对风险较高（研发成功率低或可靠性低）的情况综合考虑。有读者可能会想：实现可能性如何进行量化呢？例如可以利用决策树分析法，预测任务达到目标的概率。为此需要很多基础工作，但绝不是无法完成的。

企业管理方面的应用实例

通过评价标准的最大化（或最小化）来实现任务整体最优化的方法具有很高的通用性。它在商业领域的应用范围也较广，其中最典型的方法是管理财务联动型指标的运用。本节介绍根据投资回报率类标准进行决策的案例，来加深对任务最优化思维的理解。

下面的例子是世界著名制药企业 A 公司在 20 世纪 90 年代优化研发项目资金分配的做法。项目进入研发后期需要更多研发资金，因此会要求增加投资。但由于资金有限，只能有选择地投资。此时需要依据投资回报率排出优先顺序。

A 公司针对每个项目都制定了多个选择方案。除基本方案外，还包括增加投资额的方案、减少投资额的方案，以及仅投入最少投资额的方案。针对研发需要的多种管理资源，每种方案都按照不同比例配有不同的总投资额（相当于图表 5-2 中的步骤 1）。

对各管理资源的投资会带来项目特性的变化（相当于图表 5-2 中的步骤 2）。项目特性包括市场潜力、产品价格、市场占有率、生产成本及销售成本、研发成功率等。例如假设基本方案要研发的是注射剂，增加投资额方案要研发的是口服剂。通过增加分配给研发口服剂所需管理资源的投资，一般来说，该药物的市场潜力会明显提高。因为口服剂要比注射剂更便于使用。不过同时也必须接受口服剂研发成功率会下降的事实。

确定投资额分配、预测项目特性变化之后，就可以讨论项目的实施可行性了（相当于图表 5-2 的步骤 3）。这一步需要推导每个方案的可行性，同时一定不能忘了管理环境的因素，尤其是要预测将来可能出现的竞争药物。因为竞争药物投入市场（开始销售）及其功效都会对本公司产品的市场前景产生很大影响。

最后要定量评价各方案的实施可行性，确定方案之间的优劣（相当于图表 5-2 的步骤 4）。定量评价会用到"预期项目价值 / 研发成本（所需投资额）"，即"预期项目价值与投入研发成本的比例"作为衡量投资经济效益的标准，应优先选择投资回报率高的方案。此外，预期项目价值可以采用净现值分析来预测研发成功的情况和失败的情况，再针对成功的情况假设多个情景（销售额的高低等），计算出项目的预期价值。

针对各研发项目中确定了预期投资回报率最高的方案，该投资回报率便是该项目的预期投资回报率。A 公司必须从多个项目中选出最优组合方式，构建价值最高的投资组合。为此，需要依据预期投资回报率对项目排出优先顺序，在投资预算允许范围内按照从高到低的顺序选择项目来实施。图表 5-3 中，

图表 5-3 构建最优投资组合

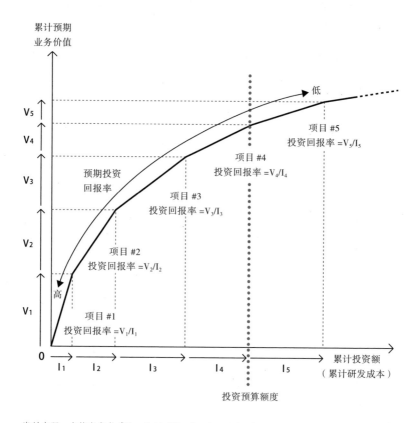

资料来源：由笔者参考《How Smith Kline Beecham makes better resource-allocation decisions.》（Paul Sharpe, Tom Keelin 著,《哈佛商业评论》1998 年 6—7 月合刊）制作。

实施对象为项目 #1 到项目 #4。

本事例采用的评价标准是财务理论中的投资回报率，而面对全新挑战，没有现成的（会计或财务理论方面的）评价标准可用时，就更需要费些心思不断思考、不断尝试，而这些工作可以成为企业的积累。事例 5 就是一个很好的例子。

5

对火星地表
探测技术的
最优投资组合

本事例以火星地表探测任务为例，以喷气推进实验室的推理方法为题材，介绍任务最优化思维的应用步骤。任务最优化思维是喷气推进实验室决定技术研发投资优先顺序的有效方法之一。如何将资金分配给各种管理资源在商务环境中也是重要课题。本事例对企业在极不确定的情况下实现资金分配最优化具有重要的参考价值。

本事例的设定与假设

　　火星地表探测任务由三个阶段构成，即到达火星之前的"巡航阶段"，从到达环火星轨道到在火星着陆的"进入、下降和着陆阶段"，以及着陆后展开探测活动的"地表探测阶段"。彻底完成这些工作需要涵盖 14 个领域的一整套技术，为了简化说明，本事例仅讨论与地表探测阶段有关的 7 个领域的技术构成，通过这 7 个领域的预算分配最优化来实现任务价值的最大化。

　　为了更好地推进本事例的讨论，需要设置一些假设，此处忽略具体的细节，假设投资能够带来变化的技术特性只有"性能"与"可靠性"。一般来说，其他特性也会变化，但此处假设是不变的。这样问题就会简单得多。

构思

◉ 从整体上把握相互关系

为了通过"选择投入研发资金的技术"来实现任务最优化，必须先了解提高技术水平能对任务产生的影响。为此需要掌握技术的构成要素与任务的构成要素之间的联系，把握整体的相互关系。这是图表 5-2 的步骤 3 和步骤 4 中必不可少的工作。图表 5-4 所示的相关图描绘了问题全貌，有助于人们获得解决复杂问题的思路。

首先，要列出问题的具体构成要素。火星探测任务的地表探测阶段大致包括四项工作，即探测车脱离着陆器并开始运行、采集样本、实施科学调查和向地球发送数据。支持这些工作的技术横跨太阳能电池（功能：发电）、蓄电池（功能：储存电力）、航空电子仪器（功能：运行指示）、钻机（功能：采集样本）、实验装置（功能：分析样本）、通信仪器（功能：发送数据）、自控软件（功能：提高探测持续能力）等 7 个领域。

接下来要明确各构成要素之间的联系，如图表 5-4 的箭头所示。该图表除前面提到的构成要素，还列举出了大气、阳光、地形这三项火星环境要素。此外还包括连接 7 个领域技术的电力分配装置，不过它并不是候补的研发对象。

图表 5-4 中标有评价标准的计算公式。任务最优化思维的最后一个步骤（图表 5-2 中的步骤 4）需要用到评价标准，其

图表 5-4 把握构成任务的各要素之间的相互关系

资料来源：由笔者参考《Identifying Technology Investments For Future Space Missions》（James P. Chase, Alberto Elfes, William P. Lincoln, Charles R. Weisbin 著，加州理工学院喷气推进实验室，美国航空航天学会）制成。

内容如本书 285 ~ 287 页所述。观察图表 5-4 可以发现：投资会给技术要素特性带来变化，各种构成要素和环境要素会互相影响，使评价标准也发生改变。

本事例为了实现评价标准以及任务价值的最大化，需要针对 7 个领域的技术锁定投资对象，制定预算分配方针。

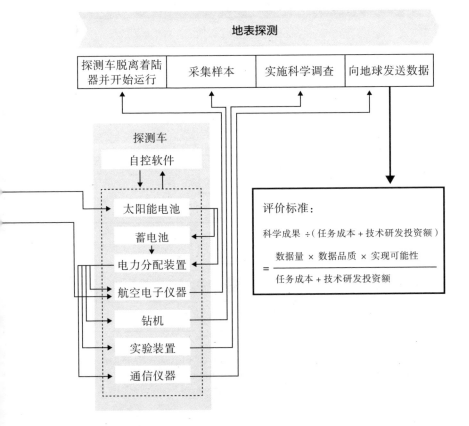

◎ 创造力使评价标准更具体

这里为了简化问题，便于具体说明，假设除自控软件之外的其他技术研发投资对象都已经确定，现在只需要从处于研发过程中（TRL=2 or 3）的自控软件相关技术要素中，选择最适合火星地表探测任务的投资对象。自控软件技术能够提高探测

图表 5-5 构建评价标准

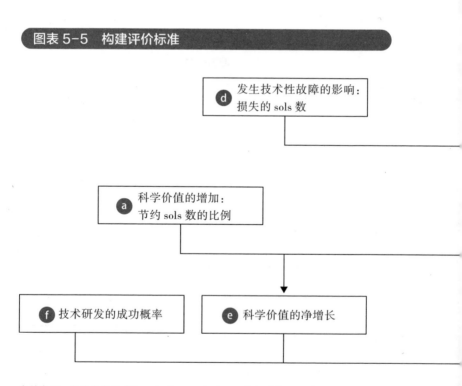

资料来源：由笔者参考《Toward a Systematic Approach for Selection of NASA Technology Portfolios》（Charles R. Weisbin, Guillermo Rodriguez, Alberto Elfes, Jeffrey H. Smith 著，加州理工学院喷气推进实验室，《Systems Engineering》Vol.7, No.4, 2004）制成。

车的调查能力。探测车在系统发生故障时会中断调查工作，等待下一次与地球通信时询问 NASA 的指示。探测车与地球之间收发指令既麻烦又耗费时间，而自控软件可以提升探测车的自我控制能力，节约时间。

那么应该如何确定选择自控软件相关技术的评价标准呢？图表 5-5 体现了定义评价标准的所有相关要素，以及将其编入

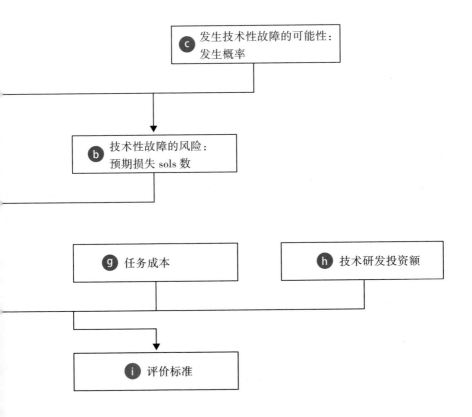

定义的流程。该图表有助于整理思路。

接下来的问题是如何处理评价标准计算公式中的"数据量 × 数据品质 × 实现可能性"这部分。"实现可能性"可以简单地定义为候选技术要素的研发成功率。显而易见，研发成功可能性高的技术要素能够提升任务的价值。

评估"数据量 × 数据品质"需要花费一番功夫。下面以自控软件技术为例介绍如何量化"数据量 × 数据品质"。如果自控软件能够节约时间，那么将这些时间分配给科学调查，便可以提高"数据量 × 数据品质"。因此，"数据量 × 数据品质"可以用该技术节约出的时间来代替。时间一般都以"天"为单位，不过火星上的一天和地球上的一天时间不同，大约是 24 小时 40 分钟。火星上的一天称为"火星日"（sol）。

确定节约出的时间时有一些需要注意的问题。简单来说，节约出的时间就是使用提高自控能力的技术时和不使用该技术时的差。例如，使用自控软件可以将原本需要 80 sols 的调查缩短到 60 sols，那么节约出的时间就是 20 sols。但仅凭这个数值还无法进行比较评价。因为计划调查时间为 80 sols 的任务节约 20 sols 的情况和计划调查时间为 160 sols 节约 20 sols 的情况相比，前者的价值明显更高，但用 20sols 的绝对数值评价的话，两者的价值就是相同的了。

那么应该怎么办呢？这时应该使用节约 sols 数的"比例"（图表 5–5 中的 a）。如果计划 80 sols 完成的任务缩短至 60 sols，其比例就是 100×（80–60）/80=25%。而计划 160 sols 完成的任务缩短至 140 sols 的比例为 $100 \times (160-140)/160=12.5\%$，明显低于 80 sols 节约 20 sols 的情况。

另一点需要留意的是，搭载自控软件并不是只有好处，也可能会引发由技术可靠性方面的问题。如果自控软件发生故障，就有可能妨碍调查，浪费一部分本可以进行调查的时间。因此，还必须预测自控软件可能带来的负面影响（预期损失 sols 数）（b）。将"故障发生概率"与"因故障而损失的 sols 数"相乘便可以得到损失 sols 的预期数值（c、d）。此处的"损失 sols 数"也同样应该用比例来表示。

最终评估"数据量 × 数据品质"，将节约的 sols 数的比例作为正值、将预期损失的 sols 数的比例作为负值进行计算。如果能节约 25%，同时损失 10%，则真正节约了 15%。将该数值看作科学价值（数据量 × 数据品质）的净增长（e），再乘以技术研发成功概率（f），除以所需资金（＝任务成本＋技术研发投资额）（g、h），就可以得到评价标准（i）。

大多数读者都不会参与太空探测，因此这些内容可能并没有什么实用性。更重要的是了解其思维过程，是面对没有正确答案的问题时，富有逻辑和创意地进行推理。在任何领域，要在充满不确定性的时代生存下来，都必须拥有通过推理得出结论的能力。

科学地实现最优化

◗ 对评价标准进行因素分解

定义了评价自控软件技术的评价标准后，接下来需要计算出每个技术要素对应的评价标准数值。每个技术要素都会以不同形式对评价标准的变量（sols 数等）产生影响，因此要计算评价标准，必须先了解影响的连锁结构。此时需要用到因素分解的方法。图表 5-6 以节约 sols 数为例，介绍如何对评价标准进行因素分解。这部分内容略有些枯燥，但该思维方式十分实用，还是做一个详细的说明。

根据前文的介绍可知，位于图表 5-6 中顶点的"节约 sols 数的比例"可以分解为"使用该技术时调查所需 sols 数"与"不使用该技术时调查所需 sols 数"（图表 5-6 中的 a、b、c）。本节需要重点说明"使用该技术时调查所需 sols 数"以下的部分。首先要知道探测车是依次前往多个调查地点，分别在各调查地点进行调查活动。因此"调查所需 sols 数"为"在所有调查地点进行调查活动所需 sols 数"与"在调查地点之间移动所需 sols 数"之和（b、d、e）。

"在所有调查地点进行调查活动所需 sols 数"（d）由"在单个调查地点花费的平均 sols 数"（f）与"调查地点数"（g）相乘所得，因此可以分解为这两项因素。在一个调查地点需要进行"预备调查"和"规定次数样本测量"（h、i），"单次样本测量"需要"接近样本"和"进行测量操作"（j、k、l）。将"单次样本测量所需平均 sols 数"与"单个调查地点所进行样本测量次数"相乘，就可以得到单个调查地点"进行规定次数样本测量所需 sols 数"（j、m、i）。

"在调查地点之间移动所需 sols 数"（e）为"两个调查地点之间移动所需平均 sols 数"与"移动次数"相乘，"移动次数"由"调查地点数"决定。因此，"在调查地点之间移动所需 sols 数"最终可以分解为"在两个调查地点之间移动所需平均 sols 数"（n）与"调查地点数"（g）。

"在两个调查地点之间移动所需平均 sols 数"也可以分解为"两个调查地点之间的平均移动距离"（o）与"移动单位距离（例如 1km）所需 sols 数"。后者为"时间／距离"，是"移动速度＝距离／时间"的倒数，暂且称为"移动迟度"（p）。在田径比赛（径赛项目）和游泳比赛中，选手需要比拼完成规定距离所花费的时间，谁的移动迟度最小，谁就能获得胜利。

完成因素分解，评价自控软件技术的准备工作就完成了。

图表 5-6 依次进行因素分解

资料来源: 由笔者参考《Toward a Systematic Approach for Selection of NASA Technology Portfolios》(Charles R. Weisbin, Guillermo Rodriguez, Alberto Elfes, Jeffrey H. Smith 著, 加州理工学院喷气推进实验室,《Systems Engineering》Vol.7, No.4, 2004) 制成。

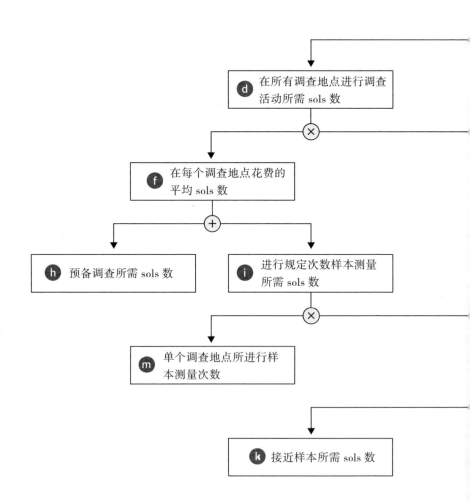

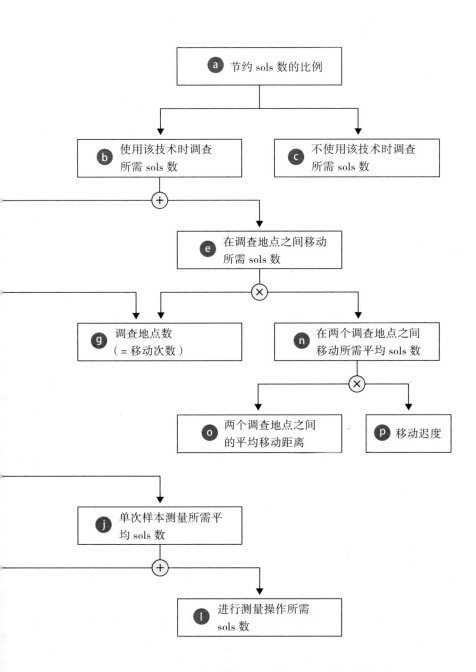

◉ 优先顺序的最优化

下面以提高运动性能的技术要素为例进行介绍。该技术要素可以提高探测车的移动性能，并使探测车在高低起伏的地形移动时效率更高，可以改善移动迟度（减少完成单位距离所需 sols 数）。

改善程度在图表 5-6 中体现为"移动迟度"，从下向上对该图表进行计算，最终可以得到"节约 sols 数的比例"。将该比例数值带入图表 5-5 的"科学价值的增加：节约 sols 数的比例"后，按照图表 5-5 的流程可以计算出移动迟度的改善对评价标准的影响，计算过程非常简单易懂。

不过实际的计算工作其实非常烦琐。首先向提升运动性能的技术投入多少资金能给移动迟度带来多大的改善，需要根据图表 5-2 步骤 2 的图表来进行推理。从图表中读取各投资金额所对应的移动迟度，计算出各种条件（投资额与移动迟度标准的组合）下的评价标准。

有些读者可能会觉得用图表推理很难。的确，用图表得出数值的精确度有限，但如果不用这个定量方法，而是只凭直觉或经验也无法做出正确判断。一般来说，面对不确定性的定量方法得出的结果在精确度方面需要妥协，但研发定量方法过程中的不断尝试对企业专业知识的积累和共享仍然会有很大帮助。

事例 5 中，投资可以改变技术的性能和可靠性，因此要计算投资对评价标准的影响，除了"移动迟度的改善"，同时还要考虑"可靠性的变化"。需要根据不同投资额对应的移动迟度和可靠性来反复计算评价标准，此处省略详细说明。从所有计算结果中找到能使评价标准最大的条件，就可以实现对提高运动性能的技术的投资的最优化。

对提高运动性能的技术之外的其他技术，也可以利用同样方法求出效果最佳的投资条件。掌握了各技术要素所能实现的最优水平，接下来便可以依据评价标准对所有技术要素进行排序，得知应该优先投资哪种技术要素。

不过这只适用于讨论单一任务的情况。讨论多个任务时，决定优先顺序还需要多花费一点功夫。因为还必须考虑到每个任务的重要性。如果某项技术要素能在重要性较高的任务中使评价标准达到较高数值，自然应该优先投资。

下面用图表 5-7 的简单例子进行说明。假设需要从 T_a、T_b、T_c 这三个候补中选出最适合 M_1 和 M_2 的技术要素。根据该图表标注的评价标准数值可得知，最适合任务 M_1 的技术要素是 T_c，最适合任务 M_2 的技术要素是 T_a。

那么如果同时以 M_1 和 M_2 为对象时，最适合的技术要素又是哪个呢？假设任务 M_1 的重要性是任务 M_2 的两倍，依据重要性加权计算组合评价标准。例如技术要素 T_a 在任务 M_1 中的评价标准数值为 6，乘以 2 倍后为 12，再加上任务 M_2 中的评价标准数值 12，得到 24，再进行加权平均，即用 24 除以 3（=2+1），最终得到 8。用同样的方法计算技术要素 T_b、T_c，对

图表 5-7　针对多个任务的整体最优选择

		评价标准		
		任务 M_1（单独）	任务 M_2（单独）	任务 $M_1 + M_2$（复合）
自控软件的候选技术要素	技术要素 T_a	6	12	8
	技术要素 T_b	9	9	9
	技术要素 T_c	12	6	10
	权重	2	:	1

比三者的加权评价标准数值，可以发现最适合 $M_1 + M_2$ 整体的
技术要素是 T_c。

　　各个任务之间的重要性差异无法精确表示。重要性的权重
实际上带有一定的任意性，不过能用数值体现出不同任务的相
对重要性就足够了。

　　最后再来看预算的制约对技术要素的最优选择会产生哪些
影响。要解决的问题原本是在研发投资总额的制约下，如何对
7 个领域的技术要素进行资金分配。而此处为了简化问题，将
其改为如何在自控软件技术研发投资额上限的制约下选择技术

要素。自控软件技术中除前文提到的提高运动性能的技术之外，还包括软件架构技术、故障的确认及管理技术等，因此需要在预算许可范围内选择一种或几种进行投资。

假设自控软件技术包含 T_A、T_B、T_C 这三种技术要素。假设各技术要素具有图表 5-8 所示的特征，与图表 5-2 中的步骤 2 对应。如果向技术要素 T_A 投资 200 万美元，T_A 会发挥其最大性能的九成（图表 5-8 中点 p）。而向技术要素 T_B 投资 200 万美元，T_B 发挥的性能却只有其最大性能的四成（图表 5-8 中点 q）。在这个假设下，如果自控软件技术的研发投资额上限为 400 万美元，应该如何构建 T_A、T_B、T_C 的最佳投资组合呢？这里假设可以忽略投资可能引起的可靠性变化。

如果将 400 万预算全部用于投资，可以有以下四种分配组合。这相当于图表 5-2 中的步骤 1。

·向技术要素 T_A 与 T_B 各投入 200 万美元（图表 5-8 中点 p 与点 q）。各技术要素发挥性能情况如前文所述。

·向技术要素 T_A 投入 100 万美元，向技术要素 T_B 投入 300 万美元（图表 5-8 中点 p' 与点 q'）。T_A 能发挥最大性能的七成，T_B 发挥的性能不到最大水平的七成。

·只向技术要素 T_B 投入 400 万美元（图表 5-8 中点 r）。投资全部集中在 T_B，可使其发挥最大性能的九成。

·只向技术要素 T_C 投入 400 万美元（图表 5-8 中点 s）。即使投资全部集中在 T_C，也只能发挥最大性能的五成。

图表 5-8 技术要素的投资效果（在一定前提条件下）

性能指数（注）

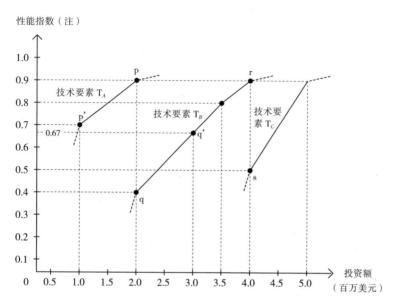

注：将各技术要素可以达成的最大性能设定为"性能指数 =1.0"。

将这些组合方式列出来，再经过因素分解，就可以计算出各个组合的评价标准。具体方法是已知各技术组合通过提升性能可以节约的 sols 数，可以算出评价标准，然后选择能使评价标准数值最大的组合就可以了。

这里设定的投资额上限为 400 万美元，如果扩大投资额范围，得到的最优预算分配比例通常情况下会有所不同。改变预算上限后，得出的最优技术投资组合有时会与之前完全不同。

例如，上限从 400 万美元变为 500 万美元之后，最优技术投资组合并不是在原最优技术投资组合的基础上简单增加 100 万美元的新技术。

让评价标准更好用

在事例 5 中，评价标准具有决定性作用。前文介绍了如何在火星地表探测任务中定义和使用评价标准，接下来将对上述内容加以整理，使其用于普通案例。

评价标准要发挥作用，必须满足两个条件。一是要能准确地代表评价对象，二是要可以量化。依据这两个条件，可以将评价标准分为三类，具体如图表 5-9 所示。

图表 5-9 中左上方象限 A 的情况最简单易懂。例如成本就属于这一象限。追求成本最小化时，最直接的方法就是将"总成本"或"超出预估成本的金额"作为评价标准。如此便可满足上面的两个要条件。只要将最小化的对象，即成本自身作为评价标准，问题就可以解决了。

象限 B 和象限 C 对应的是象限 A 以外的情况。也就是说，对不适合用象限 A 解决的情况还有另外两种方法。象限 B 是构建评价标准，象限 C 是创建替代标准。

下面举例说明。假设你是项目负责人，必须从利益相关者处获取最大程度的支持。"利益相关者的支持"从本质上来看

图表 5-9　选择合适的评价标准

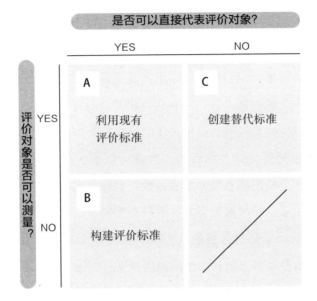

是否可以直接代表评价对象?

	YES	NO
评价对象是否可以测量? YES	**A** 利用现有评价标准	**C** 创建替代标准
评价对象是否可以测量? NO	**B** 构建评价标准	

是主观和定性的,因此对于"获取最大程度的支持"这个目标来说,并没有可以直接客观衡量支持程度的评价标准。因此,这个评价标准不属于象限 A,而属于象限 B 或象限 C。

既然支持本身不是定量的,那么就需要制定一个评价标准并为其赋值,这就是象限 B 的处理方式。例如,可以利用李克特五点量表来解决问题,为此需要确定每一点需满足的条件。例如可以规定 10 名利益相关者中有 5 人以上主动赞成且没有人反对时的量化数值是 5;既没有赞成者也没有反对者时的量化数值为 3;有 2 人以上强烈反对时的量化数值为 1 等。用同样方法确定量化数值为 4 和 2 时的条件，就可以用 1 ~ 5 的整数来定量表示支持程度了。

那么如果是象限 C 会怎样呢？由于支持本身无法量化，因此可以尝试创建能够替代支持的评价标准。替代标准虽是间接衡量评价对象，但仍然可以做出客观评价。例如可以用"每月例行报告会的参加人数"代表利益相关者的支持程度。其前提是持积极支持态度的利益相关者应该会来参加报告会。

这时只要计算参加者的人数就可以了，很容易量化。但是，这种方法的缺点是参加者人数与实际的支持程度之间未必是相关关系。参加报告会的并不只有赞同者，项目的反对者也可能出于收集信息等目的来参会。如果不少反对者来参加会议，那么参加者人数就无法准确体现支持程度。

NASA 与"灵活性"有关的决策就是运用替代标准的一个有趣的实例。例如如果选择某种技术会对将要发射的火箭重量产生严格限制，那么该选择就会被认为是降低了灵活性。灵活性关系到应用范围是否广泛，可以有多种解释而没有明确定义，因此要实现"灵活性最大化"时无法使用象限 A 的方法。此时就可以利用替代标准。

具体操作方法是，选择类似"发射更大重量的火箭"等多个替代方案，考虑该技术能否广泛应用于各种不同的备选方案，根据其结果来衡量该技术的灵活性。为灵活性设定的评价标准，要反映出该技术能否应用于多个备选方案。该标准无法反映备选方案之外的灵活性，因此它只是灵活性的替代标准，不过已经足够帮助我们实现灵活性最大化的目标。

事例 5 为了实现任务价值最大化，定义了利用 sols 数等计算出来的评价标准，其实就是任务价值的替代标准。选择是构建评价标准还是创建替代标准（即选择象限 B 还是象限 C），可以遵循以下基本思考方法。即如果希望直接代表评价对象，那么就选择象限 B 的评价标准；如果希望尽可能客观地量化评价对象，那么就选择象限 C 的评价标准。

高 胜 算 决 策
向绝不容出错、极会管理风险的
N A S A 学 决 策
世界最高峰の頭脳集団 NASA に学ぶ決断技法
第三部分　整理篇

CHAPTER

6

综合决策法
——确立思考维度，培养鉴别力

NASA 的历史就是与风险（不确定性）斗争的历史，本书选取的五个事例如实体现了这一点。其实每个事例都选自不同年代的调查研究，事例 1 是 20 世纪 70 年代的调查研究，事例 2 是 60 年代，事例 3 是 80 年代到 21 世纪 10 年代，事例 4 是 20 世纪 90 年代，事例 5 则是 21 世纪前 10 年。

与风险对峙时，NASA 还必须避免与决策相关的心理学方面的认知偏差。通过这些经历，NASA 逐步构建起一整套流程，在决策中体现出其对风险的考量。该流程的关键是定量评价任务应实现的目标、阻碍目标实现的风险和风险规避措施（降低风险发生概率或风险后果严重程度的措施）这三类信息之间的关系。专家也难免会受认知偏差的影响，NASA 创建这一流程有助于汇聚专家力量，充分运用专家的智慧。

NASA 背负着准确把握风险，果断抓住风险带来的机遇的使命。本章将对 NASA 经过多年摸索建立起的这套决策流程加以总括介绍，基本上是对第 1 章至第 5 章的回顾，同时也会适当介绍新的概念，因此读者可以把本书看作"NASA 式决策教科书"。

本章将具体依次介绍构成 NASA 决策流程的 9 个步骤。其间也会引入一些概率思维和便于处理概率变量的新概念等。这些内容反映了决策者的风险容忍度，有助于决策者对多个选项进行筛选，将问题直观化以便做出判断。

介绍了这 9 个步骤之后，本章还会涉及 NASA 在决策时面临的一些难题。NASA 的课题与普通商务人士遇到的问题也具有很多共同点，因此 NASA 的决策方法其实具有很高的通用性。

用流程来对抗决策陷阱

　　决策时的很多陷阱常会误导人们做出非理性判断。本书第1章和第2章介绍了一些典型的决策陷阱，其中的锚定效应、过度自信、可得性启发法、框架效应、证实偏差尤为重要。此外沉没成本也是导致错误决策的重要因素（协和谬误）。

　　此外，"安于现状偏差"也不容忽视。如果没有改变的强烈动机，人们往往倾向于维持现状。这是想避开未知事物、避开未曾经历过的事物，希望现状一直维持下去的心理导致的。组织中的管理者也有维持现状的倾向。因为管理者常认为如果决策不利，他们因积极行动而被追究的责任可能要比维持现状时更严重。

　　人是极不理性的生物，"游泳池的故事"可能会有助于我们了解这一点。请想象自己在游泳池边的情景：游泳池里有50个小朋友在游泳，几乎可以99%地确信50个小朋友中至少会有1个人在游泳池里小便。可即便如此，你仍然还是会选择跳进游泳池玩个痛快。

　　那么假设亲眼看到有一个小朋友站在边上向游泳池里小

便，你还会跳进游泳池吗？应该有很多人会十分犹豫。因为毕竟之前 99% 的"小便概率"现在已经变成了 100%。其实也仅仅相差 1% 而已，只因为 1% 的区别就改变判断并不符合理性，然而这就是人类的行为。

为了避免决策陷阱，可以先设定理性的判断依据，然后制定出系统的研讨流程。为此需要构建"思考的维度"，对多个选项（以下简称"备选方案"）进行系统的、有逻辑的思考。思考的维度需要根据实际问题灵活运用，不断修订和改进。接下来介绍 NASA 创建的决策流程，希望可以为读者确立新的思考维度提供参考。

NASA 决策流程的最大特点是"将风险分析融合于决策之中"，本章主要针对其融合方法进行说明。但这并不表示 NASA 只依据风险分析的结论来决策。"根据风险进行决策"的英语为"risk-based decision making"，而 NASA 的决策是"risk-informed decision making"。"inform"指"提供或告知信息"，因此 NASA 的方法是"在充分把握风险的基础上"进行决策。

NASA 的决策流程如图表 6-1 所示，由 9 个步骤构成，每 3 个步骤为一部分，因此整体流程可以分为"确定备选方案""对备选方案进行风险分析"和"选择最优备选方案"3 个部分。下文将按照图表 6-1 的流程来说明。

图表 6-1 NASA 式"决策流程的结构化"

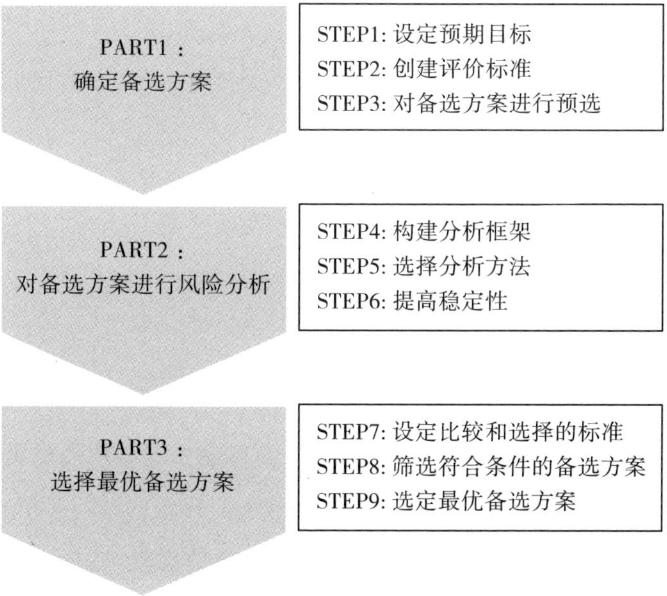

| PART1 ：
确定备选方案 | STEP1: 设定预期目标
STEP2: 创建评价标准
STEP3: 对备选方案进行预选 |

| PART2 ：
对备选方案进行风险分析 | STEP4: 构建分析框架
STEP5: 选择分析方法
STEP6: 提高稳定性 |

| PART3 ：
选择最优备选方案 | STEP7: 设定比较和选择的标准
STEP8: 筛选符合条件的备选方案
STEP9: 选定最优备选方案 |

PART I：
确定备选方案

STEP 1 根据"预期"设定"目标"

决策前需要将值得讨论的备选方案毫无遗漏地列举出来。如果有些方案之间只有极小差别，就不必再花费时间和精力来讨论这些选项了。只要聚齐了重要的备选方案就可以了。

要确定备选方案，必须首先明确决策希望达成的目标，即需要了解利益相关者希望得到什么。如果目标定错了，之后的分析工作也就都白费了。

组织内部和外部都存在利益相关者。例如 NASA 总部、各地研究中心、咨询委员会等属于内部利益相关者，而外部的利益相关者则包括白宫、美国联邦议会、美国国家科学院、美国国家太空委员会等。民营企业的利益相关者除了管理层之外，还包括企业内部相关部门、合作企业、客户企业等。

利益相关者的期望其实就是他们的需求、要求等目标以及实现目标的约束条件。目标分为多个级别，最高级别的目标一般是定性和多方面的，包含下级目标。下级目标有时会互相矛盾，例如"控制成本，获得优异成果"的目标中包含了"成果最大化"与"成本最小化"，而这两个目标属于矛盾关系，无法同时实现。

此外，管理资源（资金等）、成绩（成果、性能等）、安全标准、交付期等方面还会有各种约束条件。不符合约束条件，就根本无从谈到实现目标。一般来说，无法满足约束条件的备选方案应分类为"无法执行"（或"不宜执行"）。

应该注意的是，约束条件并不能随意设定。例如对于同时追求质和量的成果，即使可以设定关于量的约束条件，但关于质的约束条件却很难设定。另外，就安全性而言，设定类似"允许出现几人以下的死伤人数"等约束条件则会有悖道义。不过即便无法完美地定义，也仍然应该努力了解利益相关者心里的约束条件。

STEP 2　创建衡量目标完成度的评价标准

虽然掌握了反映利益相关者期待的目标，但如果只处于定性和多方面的层面，仍旧无法对备选方案进行比较。还必须将目标分解、落实为与具体操作相关的下级目标。将目标细分，直至定义出适当的评价标准，便能定量把握每个下级目标。这样才能理性地对比各个备选方案。

分解目标时可以使用"划分级别"的方法。下面以行星

科学探测任务为例，用图表 6-2 进行说明。分解应符合 MECE
原则，覆盖所有影响决策的因素。为了简化说明，图表 6-2 中
仅列出主要分解。"任务成功"这个上级目标可分解为"经济
效益""技术成果""安全可靠性"和"时间管理"四个方面。

图表 6-2　分解目标以便评价备选方案

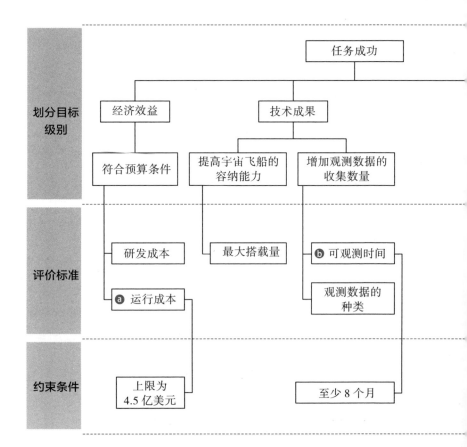

然后再在每个方面进一步分解。例如安全可靠性方面可以分解为"保护相关人员及市民"和"保护环境"。

目标应该分解到对实际操作有用，并且可以定量化的程度，这样才能成为合适的评价标准。设定评价标准的方法可

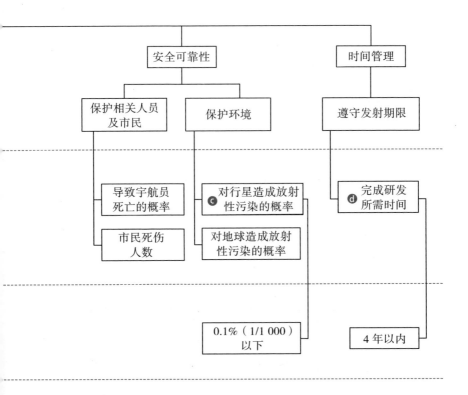

以参考本书 314 ~ 317 页，根据实际情况"构建评价标准"或
"创建替代标准"。图表 6-2 中也列出了评价标准。针对安全可
靠性方面的"保护环境"这一目标设定的评价标准是"造成放
射性污染的概率"，以此作为衡量行星和地球环境的指标。

这些能用评价标准进行定量描述的目标有时也会附有约
束条件。如前文所述，约束条件是根据利益相关者的期待确定
的。图表 6-2 标出了根据 a、b、c、d 这四条评价标准得出的
四个约束条件。例如，任务的运行成本（a）的限制条件是必
须控制在 4.5 亿美元以下。

STEP 3 列出备选方案进行预选

掌握了详细目标、评价标准以及约束条件后，就可以在此
基础上进入"列出备选方案，选择候选项"的流程了。好的备
选方案必须能较好地实现目标。目标的完成度可以用评价标准
来衡量。当然，还需要考虑到约束条件。即使用一部分评价标
准测量能获得极高评价，但只要有一条评价标准不满足约束条
件，原则上这项方案就无法实行。

下面用"最大搭载量"与"导致宇航员死亡的概率"这两
项评价标准对两种备选方案加以比较。有一个备选方案的宇宙
飞船系统可靠性极高，并配有备用系统。这样可以有效降低宇
航员的死亡概率，但由于系统重量较大，因此最大搭载量可能
无法满足最低目标规则（约束条件）。

而另一个备选方案则牺牲了系统的安全可靠性来实现轻量化。虽然能充分保证最大搭载量，但由于宇航员的死亡概率较高（无法确保机组人员的生命安全），这一方案可能无法实行。这样必须采取能在紧急情况下救助机组人员的措施，将安全可靠性提升到可能实行的水平。

对在预选中被判断为可以执行且效果较好的备选方案，原则上还需要继续慎重探讨。但并不需要对所有方案都深入讨论，因为有些方案无论用哪项评价标准来比较都不如其他方案。对这些劣势方案就没必要再继续讨论，应该排除。

PART II：
对备选方案进行风险分析

STEP 4 **构建分析框架**

　　预选出几个备选方案后，接下来要进行风险分析。为此需要设定分析框架，确定分析方法。一般来说，每个备选方案的分析方法都不同，因此需要建立评价模型来处理这些差异。组成评价模型的骨架就是本书第 1 章和第 3 章介绍的情景。

　　图表 6-3 是分析框架的概念图。该图表从确定体现各备选方案特征的参数开始。参数的种类有很多，以发射人造地球卫星进入运行轨道为例，其参数除发动机种类、推进剂种类及质量，还包括气象条件等环境要素。

　　备选方案 I 有 α、β、x 这三个参数。将其输入评价模型，便可以计算出与经济效益相关的评价标准 i。同样还可以分别计算出与技术成果、安全可靠性以及时间管理有关的评价标准 ii、评价标准 iii 与评价标准 iv。备选方案 II 的部分参数有所不同（x 变为 y），也可以用同样方法计算出评价标准 i ~ iv。这

图表 6-3 风险分析框架（概念图）

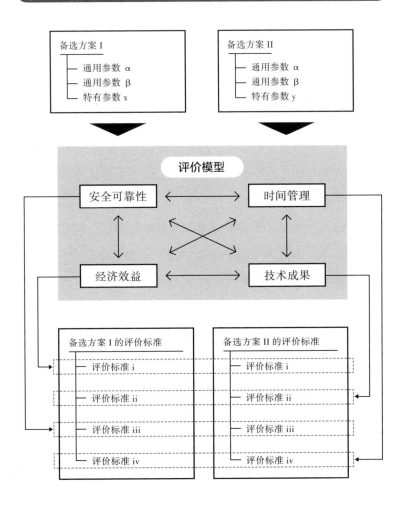

样就可以用相同标准（＝评价标准 i ~ iv）来对比讨论备选方案 I 和备选方案 II。此处需要注意，即使各备选方案参数不同，但原则上评价标准应该是相同的。

参数有时是一个固定值，但一般是概率变量，因而是不确定的。此外，分析得出的评价标准的值也是不确定的。图表6-4 直观地体现了参数与评价标准的不确定性。各参数可能取的数值或水平会有变化幅度，有些数值或水平的取值可能性较高，有些则较低。评价标准通常也可以取很多值，不同值的取值可能性也存在高低之差。

预测参数取值某个数值或水平的可能性大小，可以使用本书第 1 章介绍的参考专家意见的方法。如果有条件进行实验，利用实验收集数据也是有效方法。在商务领域中，利用特定地区、特定时间的销售来收集相关数据的做法也很常见。

图表 6-4　直观体现图表 6-3 中备选方案 I 的不确定性

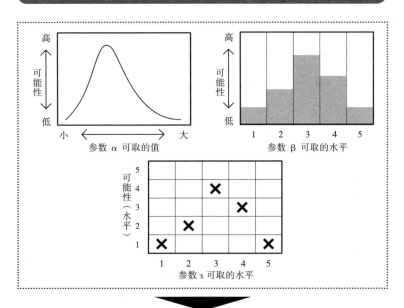

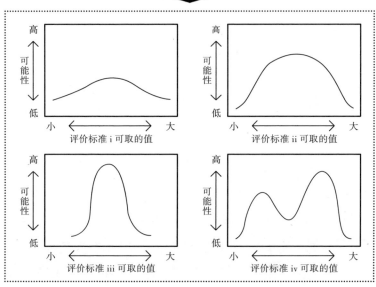

Column　未来超乎想象

　　建立图表 6-3 的评价模型或是制作图表 6-4 时需要注意，除了使用"线性思维"，还应该使用"指数型思维"来预测未来。"线性思维"是从"线性函数"的角度把握发展，技术沿着过去的延长线逐渐提高，如同 1 变成 2（=1+1）、2 变成 3（=2+1）、3 变成 4（=3+1）一样依次增加。而指数型思维关于未来则会描画出截然不同的发展曲线。

　　指数型思维表示"指数函数"，体现了 1（$=2^0$）变成 2（$=2^1$）、2 变成 4（$=2^2$）、4 变成 8（$=2^3$）等成倍增长的特征，其增长能力非常惊人。第一步前进 1m，下一步前进 2m，再下一步前进 4m、8m……，那么只需要 29 步，就能走出比地球到月球还要远的距离。

　　半导体技术是指数型增长的典型事例，其发展遵循著名的"摩尔定律"。摩尔定律被提出于 1965 年："半导体芯片上的集成密度每 18 ～ 24 个月就增加一倍。"该定律到目前为止基本得到了验证，半导体芯片的性能确实呈现了指数式增长。其结果就是现在的智能手机的性能已经能与 20 世纪 80 年代至 90

年代的超级计算机匹敌。

现今世界，处于急剧发展时期的技术并不少见。我们可以从每天的新闻中切实体会到其飞速发展的人工智能也是代表之一。有观点认为人工智能会在 2045 年超越人类的能力，即著名的 "2045 年问题"。希望比人类更智慧的人工智能不会带来毁灭性灾难。

机器人工程学的发展也令人瞩目。20 世纪 80 年代，我就读于早稻田大学理工学部时，机器人研究第一人加藤一郎教授还在那里任教。当时号称全世界最先进的双脚行走机器人不仅体形巨大，走起路来也摇摇晃晃。对比当今机器人敏捷的动作和丰富的功能，真令人感觉恍如隔世。

太空领域也不例外。3D 打印技术的发展可能会改变整个太空产业的常识。现在只能通过宇宙飞船向国际空间站运送零件，如果今后能用设置在空间站里的 3D 打印机制造零件，不仅可以大幅节约发射宇宙飞船的费用，不需要运输过程还可以缩短研发周期。

此外，在太空建造大型设施也将由此成为可能。依靠火箭运送设施必然要受到火箭体积和推进力的制约。但如果可以在太空制造，就可以摆脱这些束缚。在无重力的太空空间可以建成在地球上会因无法承受自身重量而坍塌的建造物。

假设要在预计 7 年后实行的任务中应用某项技术。最初的阶段可能很难预测到会直线式发展还是指数式发展，不过几年后它可能会达到指数函数式增长的阶段。这样的话，就有可能实现惊人的功能或者将成本削减至十分之一等。

　　图表 6–3 和图表 6–4 中应该体现出这种可能性。如果被线性思维束缚了头脑，就会错过这些可能。参数和评价标准的分布可能会有一端或两端延长到超乎想象的长度。

STEP 5　依据精确度选择不同分析方法

　　风险分析（图表 6–3）应该追求多大程度的精确度呢？严格来说，风险分析应该可以评价各方案能否满足约束条件，以便从备选方案中选出最优选项。不过实际上应该具体问题具体分析。项目的规模大小、项目在生命周期中所处的阶段等都会影响风险分析所需达到的精确度。

　　图表 6–5 体现了在生命周期不同阶段的分析应该达到的精确度。在初期阶段 A，分析的精确度一般都比较低。这一阶段的代表性分析方法是"类推法"。

　　类推法对类似事物或尝试进行比较，或依据现有信息进行推理，预测发展趋势。例如预测新项目的成本或工期，可以从过去实施的项目中选择类似情况，根据其数据进行评价。当然，新旧项目不会完全相同，因此需要考虑技术性差异与复杂度差异，对预测出的数值进行主观增减。

　　除类推法之外，还经常会用到"回归分析"，分析过去各种项目的数据，找出变量之间的关系，再将其用于新项目，从

图表 6-5　分析方法的选择方针

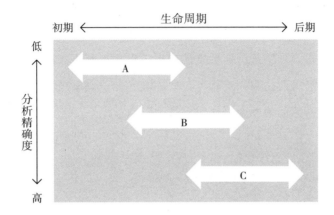

而预测出成本或安全性等。

　　在中期阶段 B 到后期阶段 C，可以通过"模拟法"提高定量分析的精确度。此外，也可以通过影响图等进行逻辑推理来预测项目的安全可靠性。还可以通过探究根本原因或阐释因果关系来构建情景。本书第 3 章介绍的概率风险评估就是其中之一。

　　适合在阶段 C 使用的方法之一是"试验"。从可以在实验台上完成的较简单试验，到需要在与实际项目相同条件下用与实物等大的原型机进行的操作，试验包括很多类型。根据实际操作获取的数据来推导经验法则，只要不诱发认知和决策错误（参考第 2 章介绍的各种偏差），也能发挥作用。如果能利用统计方法客观地把握数据的规律性，这些信息就会成为采取适当措施的可靠依据。有时只要确立了依据，就可以预测出执行条件（例如设计、步骤等）的哪些变化会使结果得到哪些改善。

最后介绍预测整个生命周期成本的方法，叫作"累积法"（或者"自下向上法"）。该方法需要将整个项目细分为详细的工作要素，预测各工作要素的成本，再相加起来推算出整体成本。分解需要达到一定程度，要能够区分或判断出完成各工作要素所需的劳动力或原材料等管理资源。

STEP 6 提高决策的稳定性

如能精确确定各备选方案的评价标准值，便可以通过对比这些数值毫不犹豫地选出最优备选方案。但即便这种情况下，选择判断是否恰当也依然与"评价模型的结构或前提"或者"参数的设定值"是否合适有关，因此还需要通过适当改变这些因素来确认结果是否会随之改变。除敏感性分析之外，还应该进行 130 页介绍的 What-If 分析。

现实当中多少都会存在不确定性。项目成本常会超出预算，预算有时也会在项目准备过程中发生变化。技术研发进度可能延迟，无法实现当初的性能目标。通常情况下，只要存在不确定性，就很难对备选方案做出绝对的判断。

即便如此，还是应该尽可能得出稳定的结论，力求最终选择的备选方案就是最好的。这是风险分析的目标，要以极高的精确度发现备选方案之间的优劣对比。能否做到这一点，归根结底是由计算的评价标准的精确度决定的。

　　下面利用图表 6-6 说明如何使用评价标准 i 判断备选方案 I 与备选方案 II 的优劣。评价标准 i 的数值是不确定的，在该图表中体现为一定范围。评价标准可以分为数值越大越好的情况（例：销售额）和数值越小越好的情况（例：总成本）。为了便于说明，本章假设评价标准是"越大越好"。因此在图表 6-6 将横轴右侧作为"好"，左侧作为"差"。那么评价标准的取值分布范围会如何影响决策呢？

　　图表 6-6（a）的评价标准的取值具有一个范围，因此可以做出较稳定的决策。由于备选方案 I 与备选方案 II 的取值范围没有重合，因此按照评价标准 i 来看，备选方案 I 明显要更胜一筹。而（b）却并非如此，按期望值来看，备选方案 I 要优于备选方案 II，但实际取值一般都会与期望值有些差距。由于两个方案有重合部分，也有可能实际按照评价标准 i 来看，备选方案 II 的数值会更好。

　　要改善（b）的情况，可以通过增加调查分析或者风险回避措施等来减少不确定性。如果能通过增加调查等缩小取值分布的范围（即降低不确定性），便可以缩小重合部分，从而更确信地选择备选方案 I。顺便说一下，在（a）的情况中，即使存在不确定性，决策结果也是非常稳定的，因此不必再花费时间和成本进行额外分析。降低不确定性也并不一定总会带来益处。

图表 6-6　在不确定的情况下决策

（a）可以做出稳定判断的情况

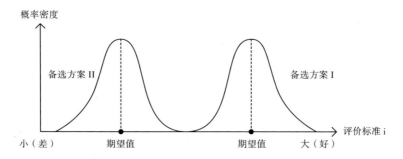

（b）无法做出稳定判断的情况

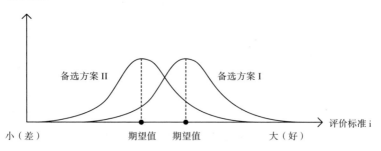

资料来源：由笔者参考《NASA Risk-Informed Decision Making Handbook》（Office of Safety and Mission Assurance，NASA Headquarters）制成。

PART III :
选定最优方案

STEP 7 用统一标准比较和筛选

除了像图表 6-6（a）一样可以明确判断出备选方案优劣的情况以外，大部分时候，判断都需要反复思考。应对这种情况的方法之一是根据某种规则为存在取值分布范围的评价标准赋值。这里介绍依据"风险容忍度"确立的规则。

假设你是田径部教练，现在需要选择 4 名选手代表参加 4×100 米接力赛。评价标准自然是时间，但选手每次成绩并不是固定不变的，所以预测成绩都会存在波动。这种情况下应该如何选拔呢？

最先可以想到的方法是按照每位选手的最好成绩来选拔。但是选手并不一定总能取得最好成绩，尤其心理素质较差的选手在大型比赛中常无法发挥出最佳状态。因此还应该考虑以选手能够达到的稳定成绩为标准进行选拔。

例如可以将选手 10 次中有 8 次都能达到的成绩作为评价

标准。这意味着在 10 次中有 2 次达不到这一成绩，也就是说这种选拔方法要承担 20%（=2/10）的失败风险（未达标准）。这种情况叫作"风险容忍度为 20%"。如果是去参加一定不能失败的比赛，那么自然就应该将风险容忍度定为 10% 或 5%。

即使评价标准的取值会形成分布而不是一个固定值，只要确定风险容忍度，便可以对其赋值。以接力赛选手选拔为例，假设某选手最高成绩为 10.2 秒，最低成绩为 11.0 秒，如果"风险容忍度为 20%"时的成绩为 10.8 秒，那么就可以用 10.8 秒来判断是否选拔该选手。这与第 2 章介绍的"极大极小原理"有相似之处。

利用风险容忍度确定的评价标准值被称为"承诺"。例如以风险容忍度为 20% 确定的数值可以理解为能保证有 80%（=1-20%）的概率实现这一目标。图表 6-7 为承诺的图示方法。

无论评价标准取值会形成什么样的分布曲线形状〔例如图表 6-6（b）〕，只要能求出承诺值，就可以比较出备选方案之间的优劣。可以根据具体的风险容忍度所对应的承诺值，选出优秀的备选方案。此时，承诺值发挥了"一定风险水平下的统一标准"的作用。

承诺值具有便于使用的优点。即使不清楚取值分布的整体情况，有时也可以设定出承诺值，尽管这种情况下精确度会降低一些。如果风险容忍度是 20%，那么考虑 10 次中有 8 次可以达到的数值是多少就可以了。

图表 6-7 确定风险容忍度所对应的承诺值

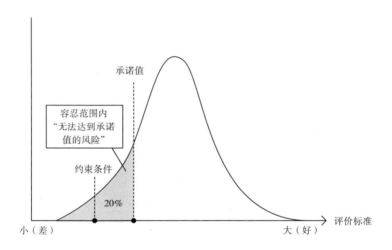

例如接力赛选手的成绩，虽然很难预测成绩的整体分布情况，但仍然可以确定"有八成可能性达到"的成绩。不过还要考虑到第 1 章提到的"置信区间"（CI），人们很容易陷入"过度自信"，因此应该注意不要把分布范围估得过小。

承诺值是比较各备选方案的重要工具，但由于通常情况下会有多个评价标准，因此实际使用起来要更复杂一些。有些情况下，按照一部分评价标准对应的承诺值来看应该选备选方案 I，但按照其他评价标准对应的承诺值来看又是备选方案 II 更好。此时就很难判断两个方案之间的优劣。后文会介绍存在多个评价标准时的选择方法（参考图表 6-8 和图表 6-9 及相关说明）。

除比较备选方案之外，承诺值还可以用来与约束条件进行比较。如果备选方案 I 的承诺值无法满足约束条件，就可以判断该方案无法执行。此时必须摸索比备选方案 I 更好的方案。图表 6-7 表示承诺值满足约束条件的情况（承诺值优于约束条件的数值）。

接下来再介绍以下承诺值的缺点。评价标准的不确定性较高时，承诺值一般都不太好。可以想象，如果图表 6-7 中评价标准的取值范围继续向左侧（＝差）扩大，承诺值也会随之向左移动。在风险容忍度较低的情况下尤其如此。这意味着，用承诺值作为判断依据，有可能导致低估评价标准取值范围较大的备选方案。

STEP 8 从其他切入点筛选备选方案

承诺值十分好用，但并不能反映评价标准取值分布的所有特征。此外，根据承诺值做决定也会受到决策者的风险容忍度的影响。因此，"根据某个评价标准的承诺值来对比各备选方案，并确认其满足约束条件"的方法虽然有效，却并不充分。那么为了判断备选方案的优劣，还应该考虑哪些因素呢？

首先，关于承诺值还应该考虑以下两点。

与重要程度更高的目标冲突吗？

依据多个评价标准进行判断时，如果按照尤为重要的目标所对应的评价标准来看，备选方案 I 的承诺值明显劣于备选方案 II 的话，就应该考虑排除备选方案 I。也就是说决策时必须考虑决策者侧重的是什么。

风险容忍度的微小变化会导致结论逆转吗？

假设风险容忍度为 10% 时利用承诺值进行对比的结果是备选方案 I 优于备选方案 II，但风险容忍度为 12% 时却是备选方案 II 更胜一筹，那么这种情况下必须慎重设定风险容忍度。利用承诺值选择备选方案，必须了解风险容忍度的设定值会给结果带来哪些变化（进行敏感性分析）。

接下来，关于期望值和不确定性（的变化范围）还应该考虑以下四点。

承诺值是否低于评价标准的期望值？

假设用承诺值判断时是备选方案 I 更佳，但用期望值判断的结果却是备选方案 II 更佳，那么这种情况下，可能无法明确判断两种备选方案的优劣。特别是对第 2 章介绍的"风险中立"的决策者而言，备选方案 II 更具吸引力。因为"风险中立"的决策者无论不确定性是高是低，都会追求高期望值。不过即使期望值再高，如果承诺值不满足约束条件，还是不应该选择该方案。

能确定优于其他方案吗？

有时尽管从所有的评价标准来看，备选方案 I 的承诺值都比备选方案 II 好上"一点点"，但仅凭这一点却无法断定备选方案 I 优于备选方案 II。因为从不确定性的角度考虑，承诺值的微小差距有可能并不具有绝对意义。至少从一个评价标准来看，备选方案 I 的承诺值必须要"远远"好于备选方案 II，才适合将备选方案 II 排除。

比较上行潜力孰高孰低？

有些情况下，虽然从承诺值来看备选方案 I 优于备选方案 II，但备选方案 II 从评价标准的上行潜力来看却要远远好于备选方案 I。此时可以坚持根据承诺值选择备选方案 I，不过选择备选方案 II 也是合理的。备选方案 II 虽然承诺值不高，但其上行潜力更高这一点也很吸引人。

会导致极为糟糕的荒谬结果吗？

假设备选方案 I 的承诺值足够好，但其评价标准的取值分布却是向下限（差的方向）延伸的。这种情况下，虽然出现极差结果的可能性不大，但仍有可能导致极差的结果。如果该结果十分重要，则还是避开备选方案 I 会更可靠。

STEP 9　选定最优备选方案

到这一步时，应该已经筛选出了较好的备选方案。下面对评价的视角做简单介绍。图表 6-8 表示根据评价标准 i、评价标准 ii、评价标准 iii 来评价备选方案 I、备选方案 II、备选方案 III 的情况。

图表 6-8（a）体现了三个评价标准的不同重要性。按照重要性由高至低的顺序可以排列为：评价标准 i ＞评价标准 ii ＞评价标准 iii。接下来要针对每条评价标准确定风险容忍度，并求出对应的承诺值。不同评价标准的风险容忍度可以不同。例如有些情况下，评价标准 ii 与评价标准 iii 的风险容忍度设定为 20%，而评价标准 i 的风险容忍度则需要设定为 10%。求出承诺值后要确认该承诺值是否满足约束条件。

除承诺值外，还有一些问题需要确认，即 STEP8 中提到的期望值及分布范围两端的延伸情况。这样一来，"根据评价标准进行评价"所需的材料就准备好了。

材料虽然已经齐备，但还需要整理之后才能根据这些材料进行选择。必须从整体上把握各评价标准对应的承诺值大小、是否满足约束条件、期望值大小、取值分布范围等信息，才能最终做出评价。如图表 6-8（b）所示，可以用〇、△、× 来表示以上情况。

如果希望做出比〇、△、× 更细致的评价，也可以使用第 2 章介绍的"效用（满足度）"。即假设预测的"最佳结果"

图表 6-8 筛选备选方案的讨论表

（a）

	重要性的相对比较														
高 ←														→ 低
	评价标准 i					评价标准 ii					评价标准 iii				
	承诺值（风险容忍度 u%）	约定条件	期望值	上行潜力	下行风险	承诺值（风险容忍度 v%）	约定条件	期望值	上行潜力	下行风险	承诺值（风险容忍度 w%）	约定条件	期望值	上行潜力	下行风险
备选方案 I															
备选方案 II															
备选方案 III															

（b）

	评价标准 i	评价标准 ii	评价标准 iii
备选方案 I	○	○	×
备选方案 II	○	△	△
备选方案 III	△	○	○

（c）

	评价标准 i	评价标准 ii	评价标准 iii
备选方案 I	1.0	0.9	0.1
备选方案 II	0.8	0.5	0.6
备选方案 III	0.7	0.8	0.8

为 1，"最差结果"为 0，然后用 0 ~ 1 之间的数值来量化决策者的满意程度。图表 6-8（c）体现了这种情况。

如果像图表 6-8 一样，可以轻松选出最佳备选方案就简单了。或是存在具有绝对优势的备选方案时，也可以做到这一点。不过实际上，很多时候问题并不是这么简单。在图表 6-8（b）和（c）的例子中，很难立即选出最优备选方案。此时需要对这些因素进行"指标化"来做综合评价。

首先是"指标化"的准备工作。图表 6-8 中，各评价标准的重要性不同，因此进行指标化必须通过加权来体现重要性。这里以评价标准 iii 的重要性为准，假设评价标准 i 的重要性是其 3 倍，评价标准 ii 的重要性是其 2 倍。

此外，要对图表 6-8（b）进行指标化，还必须确定○、△、× 的数值。此处假设○为 1，△为 0.5，× 为 0。这样，接下来就可以进行指标化了。

图表 6-8（b）中，备选方案 I 的"综合评价指标"计算过程如下。评价标准 i 是○，数值为 1，重要性权重为 3，因此评价标准 i 对于指标的贡献度为 1×3=3。评价标准 ii 也是○，权重为 2，因此评价标准 ii 对于指标的贡献度为 1×2=2。评价标准 iii 是 ×，因此贡献度为 0。将 3 个评价标准相加得到 5，这就是备选方案 I 的综合评价指标值。

用同样方法计算备选方案 II 和备选方案 III，综合评价指标数值均为 4.5。图表 6-9（a）为上述指标化的计算结果。比较综合评价指标之后的结论是备选方案 I 为最优方案。

图表 6-9　最终选择备选方案

（a）

	评价标准 i	评价标准 ii	评价标准 iii		综合评价指标
备选方案 I	○	○	×	➡	5
备选方案 II	○	△	△	➡	4.5
备选方案 III	△	○	○	➡	4.5

（b）

	评价标准 i	评价标准 ii	评价标准 iii		综合评价指标
备选方案 I	1.0	0.9	0.1	➡	4.9
备选方案 II	0.8	0.5	0.6	➡	4.0
备选方案 III	0.7	0.8	0.8	➡	4.5

　　图表 6-8（c）也可以用同样的方法进行指标化。例如备选方案 I 考虑权重后的综合评价指标是 $1.0 \times 3 + 0.9 \times 2 + 0.1 \times 1 = 4.9$。图表 6-9（b）为计算结果，其结论与图表 6-9（a）相同：备选方案 I 为最优方案。不过（a）与（b）之间也有区别。从综合评价指标来看，（a）中备选方案 II 与备选方案 III 排名相同，而

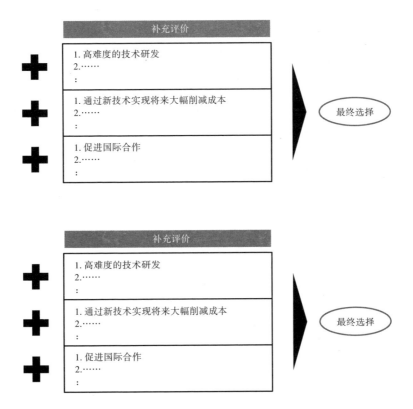

（b）中备选方案 III 要优于备选方案 II。这是因为（b）的分析更为细致。

剩下就是最终判断了。要最终选定备选方案，最好再加上一些补充评价。补充评价主要包括各备选方案的"优点与缺点"。

补充评价的具体示例如图表 6-9 右侧所示。例如选择备选方案 II 来执行任务，还能促进新技术发展，有望在将来大幅降低任务成本。决策者可以在补充评价的基础上，综合考虑根据评价标准得出的评估结果，做出最终选择。

选出最终的备选方案，本章的目标就实现了。不过问题并非就此终结，反而才刚刚开始。在实行备选方案的过程中，还应该继续通过各种措施来降低风险、提升效果，追求实现最高或最大的成果。

NASA 的难题你可能也会遇到

很多人相信自己所处的领域与众不同，因此常会认为其他领域的方法或对策无法解决自己的问题。我过去做咨询顾问时接触到很多大型企业的管理人员，向他们了解企业或行业情况时，最常听到的回答是："我们公司（行业）与其他公司（行业）不同，所以会遇到这样的难题，恐怕不太容易解决。"

的确，不同公司或行业各有不同。不过特有的或根本性的不同并不是那么多。深入分析问题，就可以发现共同点。

本章从整体上介绍了 NASA 为了慎重且果断地挑战任务而设计的一些综合决策方法，为迎战高不确定性提供了方法论。这些方法都立足于 NASA 的情况，但却并不是应用范围狭窄的特殊方法。读者完全可以将其用来解决自己所面临的问题。

了解 NASA 必须面对的难题对扩展这些方法的应用范围也具有重要意义。因此下面简单介绍一下 NASA 的情况。对不得不挑战未知领域的读者来说，可以对照 NASA 任务的特点与自己所处的环境，认真探索二者的共同点。

NASA 的任务具有以下特点。

复杂的相互关联性

太空技术涉及很多领域。例如太空探测器需要航天技术、推进技术、远程通信技术等，因此必须解决横跨无数个领域的课题。多个跨领域课题之间还会以各种形式相互影响，无法用寻常方法来解决。

苛刻的约束条件

NASA 的研发工作受到时间和预算的双重约束。此外，最终建立系统的属性（质量、体积、输出功率等）也会受到可运用资源的约束，其典型代表就是火箭发射场。使用现有发射场，就必然要受到发射场设备和地理位置的制约。例如在低纬度地区（尤其是赤道附近）的发射场发射火箭，可以利用地球自转速度节约燃料，而高纬度地区却并非如此。燃料的多少则会左右火箭的重量和载重。

经验有限

NASA 的每项任务都是独一无二的，过去的经验只能作为部分参考。新任务要以新技术为基础，但新技术的相关知识并没有过去经验可参考。即使是乍看上去非常相似的两项任务，例如只是改变了着陆地点，需要克服的课题也完全不同。

事前检验的精确度有限

地球上无法完全模拟深太空任务的条件（温度、压力、加速度、辐射等）。因此，发射前的系统检验工作也无法做到百分之百。

事前检验的程度有限

太空任务生命周期极长，投资金额也十分庞大。因此实践性检验往往工程浩大，很难反复检验并获得统计学上有意义的结果。

只能成功，不能失败（无法重来）

太空探测器一旦踏上探索之旅便没有机会维修，因此最初的航行就必须正常工作，尽管人类对探测器的飞行环境目前只掌握部分知识。

不确定性极高

任务的情景、所需条件、日程、成本、研发周期等都是不确定性的源泉。

下面再看看普通商务领域中，对完成项目负有责任的商务人士必须面对的代表性烦恼。

· 必须横向协调组织内部的各相关部门

· 缺乏时间

· 资金不足

· 人手不足

· 无前例可循

· 实际实施前无法检验（例如新理念产品在实际投放市场前其实不可能准确预测出销售情况）

· 机不可失，时不再来（只有一次机会）

· 看不透世界形势、竞争对手的战略等管理环境

· 不确定研发一定会成功

商务人士的烦恼除此之外还有很多，不过这些也足够帮助我们认识到"商业上的烦恼"与"NASA 的难题"之间存在相似之处。

无论是发现了自己与 NASA 共同点的读者，还是现在虽然没有切身体会但以后打算以创新方式解决问题的读者，如果能在自身所处的环境中用到本书的内容，都将是作者最大的满足。

后　记

学生时代，我们面对的是存在正确答案的考试（姑且不论这样是好是坏），因此可以客观地得知自己是否做出了正确的选择。但步入社会之后，我们便置身于未必存在正确答案的环境中，因此衡量我们能力的标准常常是由"所属的组织（或上司）"决定的。杰出的组织自然可以锻炼我们的思维能力，但毕竟只有少数人能遇到完全符合理想的工作环境。现实是大多数人年复一年地置身于同一个组织，思维方式也渐渐走偏，无法再通用于其他领域。

能防止这种事态的只有"学习"。本书介绍了世界顶级头脑所构建的知识，虽然看上去可能与现实问题相距悬殊，但其实"向超一流精英学习的知识"正是我们改变现实最坚实可靠的依据。了解顶尖人才，了解自己所处的位置与他们之间的差距，才能够考虑如何弥补这些差距，这也是本书的用途之一。

我本人对"弥补差距"有一些体会，这里略做介绍，通过这些经历可以了解我是如何为了跟上世界的潮流而努力的。

回顾过去，我总是通过置身于世界环境来了解自身的不足之处，然后反复思考如何才能尽可能接近更高的水平。我年轻时与世界各国的优秀人才做了很多交流，他们都来自我就读的斯坦福大学和麻省理工学院以及哈佛大学。在天才及人才密集的场合，我切实感受到自己的"思维模式"能在多大程度上发挥作用（或者不管用），也通过结识众多拥有令人羡慕的才能的人来为自己定下更高的目标。步入社会之后，我在美国的专业事务所得到了很多锻炼，与拥有世界顶级金融或咨询技术的纽约团队或伦敦团队一起工作就是我促进自己前进的原动力。

在学习和工作之外，我也有同样体会。我从大学时开始学习空手道，师从极真空手道第一代世界冠军佐藤胜昭先生练习，获得了黑带（二段）段位。但是，我自知与先生的技艺（拳法与脚法、力量与灵活性、时机等）相比仍有天壤之别。在战术方面，空手道大师的每一句话都经过多年刻苦训练的验证，我经常由此而"悟"到很多道理。

还有少年时代，我曾经跟随日本奥运会游泳队教练、现任日本游泳联盟会长的青木刚先生学过游泳。和我一起练习的同伴中，有人被选为奥运会日本游泳队队员。被选中的人与落选的人的成绩有时只有极微小的差距。但这极微小的差距也可以说是无限大的。顶尖游泳运动员不仅需要刻苦锻炼，还必须精通周密的计算或思考，只靠才能和毅力并不能打开通往世界顶尖席位的大门。

我也曾经因为读书而对一些历史伟人充满敬畏。例如举世无双的剑术大师宫本武藏，他潜心钻研获胜的方法，著成了兵法《五轮书》。这部兵法共有五卷，最终卷空之卷写道："不知道正确道路时,（中略）即使是自己认为的正道或好事,（中略）如果心不正、眼不直，也还是会背离正道。"该卷还写道："知事有，知事无，此为空。""熟知兵法之道，刻苦练习其他武艺,（中略）磨炼心志与见识，拨云见日后才是真正的空境。"如果说在自己所选择的道路上坚持不断钻研，最终通往的终点就是人生的空境，那我距它还有漫长的距离。

这些体验对现在的我来说都是宝贵财富，我坚信，了解世界顶峰人才的强大之处，既是人生的宝藏，又是强大的武器。因此我至今仍在不断吸收各个领域的智慧。

作为其中的一环，我通过本书整理了自己从 NASA 和世界顶级学府学到的知识。本书能否成为富有魅力的"学习机会"，这要由读者来判断。如果有读者在面临重大选择犹豫不决时翻开这本书，这就是我希望它能实现的作用。

致　谢

　　本书是我的第一本单行本作品。写作需要耗费大量脑力，我为此竭尽全力，总算达到了自己满意的水平。不过完成本书的时间超出了预想，负责编辑的东洋经济新报社出版局的斋藤宏轨先生耐心等待，并从读者角度针对内容和形式提出了宝贵建议，我在这里向他表示诚挚的感谢。此外，本书如果内容有误，都是我本人的责任。

　　最后，虽然我的父亲中村强和母亲惠美子没有直接参与本书写作，我仍想在此感谢他们的养育之恩。父母省下自己的娱乐开销，来维持家计，并供我读书。我对此感激不尽，谨以本书献给挚爱的双亲。

中村慎吾

参考文献

管理学及普通商业方面：

・入山章栄『世界の経営学者はいま何を考えているのか 知られざるビジネスの知のフロンティア』英治出版、2012.

（入山章荣著，陆青译：《现在，顶尖商学院教授都在想什么?》，北京：机械工业出版社，2015 年）

・アニータ・エルバース『ブロックバスター戦略 ハーバードで教えているメガヒットの法則』東洋経済新報社、2015.

（安妮塔・埃尔伯斯著，杨雨译：《爆款：如何打造超级 IP》，北京：中信出版社，2016 年）

・クレイトン M. クリステンセン、デレク・バン・ビーバー「なぜイノベーションへの投資を過小評価してしまうのか 資本家のジレンマ」『DIAMOND ハーバード・ビジネス・レビュー』2014 年 12 月号、pp. 24-37.

・籠屋邦夫「コミットメントなき焦点のずれた R&D の限界 組織のクリエイティビティと経営トップのミッション」『ダイヤモンド・ハーバード・ビジネス』1998 年 6-7 月号、pp. 24-35.

・ポール・シャープ、トム・キーリン「スミスクライン・ビーチャムは資源配分の意思決定をこう改善した ポートフォリオが選択する 伸ばす事業 捨てる事業」『ダイヤモンド・ハーバード・ビジネス』1998 年 6-7 月号、pp. 36-46.

・フェルナンド・スアレス、ジャンビトー・ランツォーラ「『先行者利得』の真実」『DIAMOND ハーバード・ビジネス・レビュー』2010 年 8 月号、pp. 42-46.

・ピーター・ティール、ブレイク・マスターズ『ゼロ・トゥ・ワ

ン 君はゼロから何を生み出せるか』NHK 出版、2014.

（彼得·蒂尔、布莱克·马斯特斯著，高玉芳译：《从 0 到 1: 开启商业与未来的秘密》，北京：中信出版社，2015 年）

・ピーター・H・ディアマンディス、スティーブン・コトラー『ボールド 突き抜ける力 超ド級の成長と富を手に入れ、世界を変える方法』日経 BP 社、2015.

（彼得·戴曼迪斯、史蒂芬·科特勒著，贾拥民译：《创业无畏：指数级成长路线图》，杭州：浙江人民出版社，2015 年）

・ピーター・F・ドラッカー「R&D はなぜマネジメントできないか」『DIAMOND ハーバード・ビジネス・レビュー』2004 年 3 月号、pp. 26-37.

・バンシー・ナジー、ジェフ・タフ「資源配分の黄金比率 イノベーション戦略の 70:20:10 の法則」『DIAMOND ハーバード・ビジネス・レビュー』2012 年 8 月号、pp. 30-42.

・エリック・ボナボー、ニール・ボディック、ロバート W. アームストロング「リスクを抑え、コストと時間を減らす 新製品開発は『事実の追求』と『成功の追求』に分ける」『DIAMOND ハーバード・ビジネス・レビュー』2009 年 4 月号、pp. 110-121.

・三谷宏治『ビジネスモデル全史』ディスカヴァー・トゥエンティワン、2014.

（三谷宏治著，马云雷、杜君林译：《商业模式全史》，南京：江苏凤凰文艺出版社，2016 年）

・エリック・リース『リーンスタートアップ ムダのない起業プロセスでイノベーションを生みだす』日経 BP 社、2012.

（埃里克·莱斯著，吴彤译：《精益创业：新创企业的成长思维》，北京：中信出版社，2012 年）

数学及统计学方面：
・小島寛之『数学的決断の技術 やさしい確率で「たった一つ」の正解を導く方法』朝日新聞出版、2013.
・小島寛之『確率的発想法 数学を日常に活かす』日本放送出版協会、2004.

・酒井泰弘「フランク・ナイトの経済思想―リスクと不確実性の概念を中心として―」、CRRDISCUSSION PAPER SERIES, Discussion Paper No. J–19, 滋賀大学経済学部附属リスク研究センター、2012 年 5 月.

・中妻照雄『入門 ベイズ統計学』朝倉書店、2007.

・西内啓『統計学が最強の学問である』ダイヤモンド社、2013.

（西内启著，朱悦玮译:《看穿一切数字的统计学》，北京：中信出版社，2013 年）

・シャロン・バーチュ・マグレイン『異端の統計学 ベイズ』草思社、2013.

（Sharon Bertsch McGrayne, The theory that would not die, Yale University Press, 2011.）

・宮谷隆、岡嶋裕史『ベイズな予測 ヒット率高める主観的確率論の話』リックテレコム、2009.

・渡部洋『ベイズ統計学入門』福村出版、1999.

・Hubbard, D. W., How to Measure Anything: Finding the Value of "Intangibles" in Business,Second Edition, John Wiley & Sons, Inc., 2010.

（道格拉斯・W. 哈伯德著，邓洪涛译:《数据化决策》，北京：世界图书出版公司，2013 年）

金融经济学及金融工程学方面：

・アビナッシュ K. ディキシット、ロバート S. ピンディック「オプション理論が経営の柔軟性を高める」『DIAMOND ハーバード・ビジネス・レビュー』2006 年 11 月号、pp. 146–147.

・ネルソン・フェレイラ、ジャヤンティ・カー、レノ・トゥリジオリス「リアル・オプションとゲーム理論を組み合わせたオプション・ゲーム 戦略選択の分析手法」『DIAMOND ハーバード・ビジネス・レビュー』2009 年 7 月号、pp. 82–93.

・Arzac, E. R., Valuation for Mergers, Buyouts, and Restructuring, Second Edition, John Wiley &Sons, Inc., 2008.

・Damodaran, A., Strategic Risk Taking: A Framework For Risk Management, Wharton SchoolPublishing, 2008.

・Dixit, A. K., and Pindyck, R. S., Investment under Uncertainty,

Princeton University Press,1994.

（阿维纳什·迪克西特、罗伯特·平狄克、阿维纳什·迪克西特著，朱勇、黄立虎、丁新娅、朱静译:《不确定条件下的投资》，北京：中国人民大学出版社，2002 年）

· Froot, K. A., Scharfstein, D. S., and Stein, J. C., "A Framework for Risk Management," Journalof Applied Corporate Finance, Vol. 7, No. 3, Fall 1994, pp. 22 — 32.

· Trigeorgis, L., Real Options: Managerial Flexibility and Strategy in Resource Allocation, The MITPress, 1996.

心理学及行为经济学方面：

· シーナ・アイエンガー『選択の科学 コロンビア大学ビジネススクール特別講義』文藝春秋、2010.

（席娜·伊加尔著，林雅婷译:《选择的艺术》，北京：中信出版社，2011 年）

· ダニエル・カーネマン『ファスト＆スロー あなたの意思はどのように決まるか？ 上』早川書房、2012.

· ダニエル・カーネマン『ファスト＆スロー あなたの意思はどのように決まるか？ 下』早川書房、2012.

（丹尼尔·卡尼曼著，胡晓姣、李爱民、何梦莹译:《思考,快与慢》，北京：中信出版社，2012 年）

· 日経ビジネスアソシエ、斎藤広達『ビジネスプロフェッショナルの教科書』日経 BP 社、2011.

分析方法及决策方法方面：

· ウッディー・ウェイド『シナリオ・プランニング 未来を描き、創造する』英治出版、2013.

（Woody Wade, Scenario Planning: A Field Guide to the Future, Wiley, 2012.）

· 後正武『意思決定のための「分析の技術」最大の経営成果をあげる問題発見・解決の思考法』ダイヤモンド社、1998.

· 後正武『経営参謀が明かす論理思考と発想の技術』プレジデント

社、1998.

　・梅澤高明『最強のシナリオプランニング 変化に対する感度と柔軟性を高める「未来の可視化」』東洋経済新報社、2013.

　・大林厚臣『ビジネス意思決定 理論とケースで決断力を鍛える』ダイヤモンド社、2014.

　・河瀬誠『戦略思考コンプリートブック 課題解決できる思考の「OS」教えます』日本実業出版社、2003.

　・イツァーク・ギルボア『不確実性下の意思決定理論』勁草書房、2014.

　（Itzhak Gilboa, Theory of Decision under Uncertainty, Cambridge University Press, 2009）

　・イツァーク・ギルボア『合理的選択』みすず書房、2013.

　（伊扎克·吉尔伯阿著，李井奎译:《理性选择》，北京：中国人民大学出版社，2015 年）

　・イツァーク・ギルボア『意思決定理論入門』NTT 出版、2012.

　（Itzhak Gilboa, Making Better Decisions: Decision Theory in Practice, Wiley-Blackwell, 2010）

　・ヒュー・コートニー、ジェーン・カークランド、パトリック・ビゲリー「4 段階に分けて適切な戦略と行動を選択する 不確実性時代の戦略思考」DIAMOND ハーバード・ビジネス・レビュー』2009 年 7 月号、pp. 64 — 81.

　・籠屋邦夫『選択と集中の意思決定 事業価値最大化へのディシジョン・マネジメント』東洋経済新報社、2000.

　・籠屋邦夫『意思決定の理論と技法 未来の可能性を最大化する』ダイヤモンド社、1997.

　・齋藤嘉則『問題発見プロフェッショナル「構想力と分析力」』ダイヤモンド社、2001.

　・ジョン・D. スターマン『システム思考 複雑な問題の解決技法』東洋経済新報社、2009.

　・ピーター・M. センゲ『学習する組織 システム思考で未来を創造する』英治出版、2011.

　（彼得·圣吉著，郭进隆译:《第五项修炼:学习型组织的艺术与实

践》，上海：上海三联书店，2003 年)

・キース・ヴァン・デル・ハイデン『シナリオ・プランニング「戦略的思考と意思決定」』ダイヤモンド社、1998.

(Kees van der Heijden, Scenarios: The Art of Strategic Conversation, Wiley, 2005.)

・福澤英弘、小川康『ケースで学ぶ意思決定の手法 不確実性分析実践講座』ファーストプレス、2009.

・福澤英弘『ケースで学ぶ意思決定の手法 定量分析 実践講座』ファーストプレス、2007.

・細谷功『地頭力を鍛える 問題解決に活かす「フェルミ推定」』東洋経済新報社、2007.

・Edwards, W., Miles, R. F., Jr., and von Winterfeldt, D., Advances in Decision Analysis: From Foundations to Applications, Cambridge University Press, 2007.

・Howard, R. A., and Matheson, J. E., "Influence Diagrams," Decision Analysis, Vol. 2, No. 3,September 2005, pp. 127 — 143.

・Howard, R. A., and Matheson, J. E., Readings on the Principles and Applications of DecisionAnalysis, Volume I: General Collection, Strategic Decisions Group, 1983.

・Millett, S. M., "Should Probabilities Be Used with Scenarios?," Journal of Futures Studies,13(4), May 2009, pp. 61 — 68.

NASA 及太空方面：

・佐藤靖『NASA —宇宙開発の 60 年』中央公論新社、2014.

・松浦晋也『増補 スペースシャトルの落日』筑摩書房、2010.

・山川宏『宇宙探査機はるかなる旅路へ 宇宙ミッションをいかに実現するか』化学同人、2013.

・Baker, E., Morse, E. L., Gray, A., and Easter, R., " Architecting Space Exploration Campaigns:A Decision−Analytic Approach," 2006 IEEE Aerospace Conference.

・Chase, J. P., Elfes, A., Lincoln, W. P., and Weisbin, C. R., " Identifying Technology Investments for Future Space Missions," American

Institute of Aeronautics and Astronautics.

· Dezfuli, H., "Achieving a Holistic and Risk-informed Decision-making Process at NASA," Workshop on Tolerable Risk Evaluation, Arlington, VA, March 2008.

· Dezfuli, H., Youngblood, R., and Reinert, J., "Managing Risk within a Decision Analysis Framework," Second IAASS Conference, Chicago, May 2007.

· Feather, M. S., Cornford, S. L., and Moran, K., "Risk-based Analysis and Decision Making in Multi-Disciplinary Environments."

· Gray, A. A., Arabshahi, P., Lamassoure, E., Okino, C., and Andringa, J., "A Real Options Framework for Space Mission Design."

· Gurtuna, O., Fundamentals of Space Business and Economics, Springer, 2013.

· Hamlin, T. L., Thigpen, E., Kahn, J., and Lo, Y., " Shuttle Risk Progression: Use of the Shuttle Probabilistic Risk Assessment (PRA) to Show Reliability Growth," American Institute of Aeronautics and Astronautics.

· Hamlin, T. L., Canga, M. A., Boyer, R. L., and Thigpen, E. B., "2009 Space Shuttle Probabilistic Risk Assessment Overview."

· Jones, S. M., Landaeta, R. E., Pinto, C. A., Unal, R., and Luxhøj, J. T., "Usage of Decision Analysis Methods Outside of a Classroom Environment by Aerospace Researchers," Hampton Roads Area INCOSE Conference on Decision Analysis and Its Applications to Systems.

Engineering, Newport News, VA, November 2009.

· Judd, B. R., North, D. W., and Pezier, J. P., Assessment of the Probability of Contaminating Mars, Stanford Research Institute, April 1974.

· Matheson, J. E., "Thirty-Three Years Later: Decision Analysis of Voyager Mars," INFORMS Philadelphia, Nov. 1999.

· North, D. W., "Limitations, definitions, principles and methods of risk analysis," Rev. sci. tech. Off. Int. Epiz., 14(4), 1995, pp. 913 — 923.

· Office of Safety and Mission Assurance, NASA Headquarters, NASA Risk-Informed Decision Making Handbook, NASA/SP-2010-576, Version 1.0, April 2010.

其他：

・インターリスク総研 コンサルティング第一部 ERM グループ『リスクマネジメント入門』、2011.

・ランダル・ストロス『Y コンビネーター シリコンバレー最強のスタートアップ養成スクール』日経 BP 社、2013.

（兰德尔·斯特罗斯著，苏健译：《YC 创业营：硅谷顶级创业孵化器如何改变世界》，杭州：浙江人民出版社，2014 年）

出版后记

在探索宇宙的过程中，NASA 每时每刻都要与各种未知的风险为伴，在信息极为有限的极端情况下做出完美决策。

在日常生活中，我们每一个人也总有些时刻需要面临关键决策。在错综复杂、充满冲突、高风险高压力的复杂环境中，能否做出胜算更高的决策关系到我们的生活和工作的最终质量。

本书介绍了 NASA 多项重要决策的实际制定过程。无论是着陆器将微生物带到火星的概率，还是火星探测的任务形式，以及避免航天飞机失事的风险管理对策等，都能引起读者极大的阅读兴趣。

不过作者列举这些事例并非出于猎奇的目的，或者仅限于事后诸葛式的评论。他在介绍 NASA 决策过程的同时，还结合了斯坦福大学、麻省理工学院、加州理工学院等世界名校的全新理论和成果，为读者生动详细地展示了在不确定环境中赢得最高胜算的一系列具体决策方法。

这些方法适用于所有组织或个人，无论是与消费、健康或生活方式相关的决策，还是商业、投资或人际关系方面的博弈，本书都可以帮助我们克服信息不对称的局面，避开非理性决策的陷阱，把命运抓在自己手里。

相信通过本书的系统介绍，大家都能在一定程度上了解决策背后的机制，为自己设计出更好的选项，避开决策过程中的思维陷阱，掌握好人生的每一个转折。

服务热线：133-6631-2326　188-1142-1266

读者信箱：reader@hinabook.com

后浪出版公司

2019 年 6 月

图书在版编目（CIP）数据

高胜算决策：向绝不容出错、极会管理风险的 NASA
学决策 /（日）中村慎吾著；谷文诗译 . -- 南昌：江
西人民出版社 , 2019.9

ISBN 978-7-210-11216-7

Ⅰ.①高… Ⅱ.①中… ②谷… Ⅲ.①企业管理—经
营决策 Ⅳ.①F272.3

中国版本图书馆CIP数据核字(2019)第 049204 号

SEKAI SAIKOHO NO ZUNOSHUDAN NASA NI MANABU KETSUDANGIHO
by Shingo Nakamura
Copyright ©2016 Shingo Nakamura
All rights reserved.
Originally published in Japan by TOYO KEIZAI INC..
Chinese (in simplified character only) translation rights arranged with TOYO KEIZAI INC., Japan
through THE SAKAI AGENCY and BARDON-CHINESE MEDIA AGENCY.
本书中文简体版权归属于银杏树下（北京）图书有限责任公司。
版权登记号：14-2019-0037

高胜算决策：向绝不容出错、极会管理风险的NASA学决策

作者：[日]中村慎吾　译者：谷文诗

责任编辑：冯雪松　韦祖建　特约编辑：郎旭冉　筹划出版：银杏树下

出版统筹：吴兴元　营销推广：ONEBOOK　装帧制造：墨白空间

出版发行：江西人民出版社　印刷：北京盛通印刷股份有限公司

889 毫米 × 1194 毫米　1/32　12.25 印张　字数 239.7 千字

2019 年 9 月第 1 版　2019 年 9 月第 1 次印刷

ISBN 978-7-210-11216-7

定价：49.80 元

赣版权登字—01—2019—99

后浪出版咨询(北京)有限责任公司 常年法律顾问：北京大成律师事务所
周天晖 copyright@hinabook.com
未经许可，不得以任何方式复制或抄袭本书部分或全部内容
版权所有，侵权必究
如有质量问题，请寄回印厂调换。联系电话：010-64010019